跨文化交际视角下
高等外语教育创新

姬程斌 著

中国矿业大学出版社
· 徐州 ·

图书在版编目(CIP)数据

跨文化交际视角下高等外语教育创新 / 姬程斌著.—徐州:中国矿业大学出版社,2019.11

ISBN 978-7-5646-4435-2

Ⅰ.①跨… Ⅱ.①姬… Ⅲ.①外语教学—教学研究—高等学校 Ⅳ.①H09

中国版本图书馆 CIP 数据核字(2019)第 090718 号

书　　名　跨文化交际视角下高等外语教育创新

著　　者　姬程斌

责任编辑　史凤萍

出版发行　中国矿业大学出版社有限责任公司

（江苏省徐州市解放南路　邮编 221008）

营销热线　(0516)83885370　83884103

出版服务　(0516)83884895　83884920

网　　址　http://www.cumtp.com　**E-mail**:cumtpvip@cumtp.com

印　　刷　江苏凤凰数码印务有限公司

开　　本　787 mm×1092 mm　1/16　**印张** 9　**字数** 162 千字

版次印次　2019 年 11 月第 1 版　2019 年 11 月第 1 次印刷

定　　价　36.00 元

前　言

随着经济全球化趋势日益明显，越来越多的高水平人才正走出国门，参与到多语言文化交际当中。培养更多的具有国际竞争力的优秀国际化人才正逐渐成为现阶段高等教育特别是高校外语教学的使命。经济全球化带动了文化全球化，然而长期以来我国高校外语教学侧重于对学生基础语言技能的培养，忽视了提高学生跨文化交际能力，使得培养出来的高校毕业生外语实际应用能力不强，很难胜任国际化背景下的涉外工作。

跨文化交际的重要性决定了在外语教学中必须得实施该教育，并决定了对在这个教育行为中的主体——外语教师素质的高要求。在经济全球化的时代，互联网技术日新月异，引发了世界多元文化的接触与碰撞。人才竞争日趋激烈，创新高等外语教育以适应国际社会发展势在必行。由于外语教育的社会文化属性，深化二语习得者的跨文化意识，关注影响跨文化语言交际的内外因素，认知跨文化非语言交际的社会意义，提升二语习得者的跨文化交际能力，满足国际化人才需要，弘扬中华民族优秀传统文化，已成为创新高等外语教育的一种必然选择。

2010 年我国颁布实施的《国家中长期教育改革和发展规划纲要(2010—2020)》明确提出今后的主要任务之一就是要培养大批具有国际化视野、通晓国际规则、能够参与国际事务和国际竞争的国际化人才。可见，创新高等外语教育离不开跨文化交际能力这一重要元素的增强。创新是一个民族进步的灵魂，是一个国家能够持续发展的动力。从跨文化交际视角创新高等外语教育不仅符合国家对国际化人才培养的发展需要，更能充分发挥高等外语教育跨文化交际能力的优越性。

本书从跨文化交际视角下的高等外语教育研究的目的与意义入手，介绍文化背景、高等外语教育的历史溯源，探究高等外语教育的课程，研究高等外语教育的模式，分析我国高等外语教育存在的问题以及我们要深化高等外语教育跨文化创新的必要性，从而得出我国对于跨文化交际视角下高等外语教育创新的构想。

目　录

第一章　绪论 ………………………………………………………… 1

第一节　研究目的及意义 ………………………………………… 2

第二节　研究的主要内容和方法 ………………………………… 4

第二章　基本概念界定 ……………………………………………… 7

第一节　文化 ……………………………………………………… 7

第二节　交际 ……………………………………………………… 16

第三节　跨文化交际 ……………………………………………… 23

第四节　跨文化交际能力 ………………………………………… 26

第五节　外语教育和高等外语教育 ……………………………… 32

第三章　高等外语教育课程分析 …………………………………… 37

第一节　课程目标 ………………………………………………… 38

第二节　课程内容 ………………………………………………… 40

第三节　课程组织 ………………………………………………… 44

第四节　课程实施 ………………………………………………… 50

第四章　创新高等外语教育的跨文化选择 ………………………… 58

第一节　深化跨文化意识的领悟 ………………………………… 58

第二节　关注影响跨文化语言交际能力的内外因素 …………… 63

第三节　认知跨文化非语言交际的社会意义 …………………… 66

第五章　现阶段我国高等外语教育存在的问题 …………………… 75

第一节　教育理念有待持续发展 ………………………………… 75

第二节　教学大纲面临严重挑战 ………………………………… 79

第三节 课程体系有待改进与提高 …… 80
第四节 师资培训力度有待加强 …… 84
第五节 大学英语教材的“中国文化失语症” …… 87

第六章 跨文化交际视角下高等外语教育课程创新的构想 …… 98
第一节 课程理念的改革 …… 98
第二节 课程目标的改革 …… 100
第三节 课程内容的改革 …… 106
第四节 课程组织的改革 …… 111
第五节 课程实施的改革 …… 118
第六节 课程评价的改革 …… 129

参考文献 …… 134

第一章 绪 论

当今世界，国际交流与合作越来越频繁，经济全球化、文化多元化已成为这个时代的特征。任何人都无法避免与来自不同文化背景的人进行交往，跨文化交流正在成为越来越普遍的日常现实。

随着我国加入世界贸易组织，社会上对外语的需求增多了，对外语教学的要求提高了，在新形势下，原有的外语教学中存在的问题与弊端也逐渐显露出来。因此，在世纪之交，中国兴起了不同层次外语教学改革的潮流，改革的目的在于提高外语学习者的外语综合应用能力、跨文化交际能力，使外语成为新世纪受过教育的公民的基本素养之一。

在竞争日趋激烈的新世纪，各国之间的合作愈加紧密，高度知识化、高度信息化的特征愈发凸显。世界经济一体化的发展大局，使我国社会的各个领域面临巨大的挑战和难得的发展机遇，对外语人才培养有了更高的期望，对高等外语教育也提出了更高的要求。在这样的新形势下，培养新型外语人才才能适应当今社会的需要，探索新的外语教学法才更有助于培养社会所需的外语人才。

在全球化的背景下，外语的重要性与日俱增，于是我国在世纪之交进行了一系列的改革，如国家新标准课程改革、外语专业培养目标的变革以及大学外语教学的改革等，以适应全球化趋势和我国社会经济迅猛发展的需要。在高校进行外语教学求变求新的过程中，在全球化背景下，培养跨文化意识，发展跨文化交际能力，学会与来自不同文化背景的人进行交往，对于年轻学子而言尤为重要。

外语教学肩负的社会历史责任就是要通过培养和增强学生的跨文化敏感性与自觉性，使学生开阔心胸、开放头脑，以更广阔的视野，以更灵活、富有创造性的方式去与自己有着不同文化取向的人们进行交往。

第一节 研究目的及意义

一、研究目的

虽然跨文化教育的实践具有悠久的历史，但是跨文化教育的理论探讨则直到20世纪70年代才开始出现，而且真正形成理性的研究是在20世纪90年代联合国教科文组织的文献中。联合国教科文组织在1992年发布的国际教育大会建议书《教育对文化发展的贡献》中正式提出了“跨文化教育”。该文件在界定跨文化教育之前，先界定了“文化教育”，指出文化教育中必须包括跨文化教育。该文件指出，文化教育包括：① 对文化遗产的知识和鉴赏的介绍以及对现代文化生活的介绍；② 熟悉各种文化得以传播和发展的过程；③ 承认各种文化具有同等的尊严以及文化遗产与现代文化之间牢不可破的联系艺术教育与美学教育；④ 伦理与社会价值观教育；⑤ 传媒教育、跨文化教育或多元文化教育(intercultural/multicultural education)。该文件提出了来自联合国教科文组织的对跨文化教育的学术性说明，跨文化教育包括多元文化教育，是面向全体学生和公民而设计的、促进对文化多样性的相互尊重与理解的丰富多彩的教育。进行这种教育的真正方式不应局限于提供一些补充性内容，或局限于辅助性教学活动或某些学科，而应推进到所有的学科教学和整个学校的结构中。这种教育要求教育工作者和所有有关的合作伙伴，包括家庭、文化机构与传媒，共同负责。基于普遍的理解，跨文化教育包括多元文化教育，包括为全体学习者所设计的计划、课程或活动，而这些计划、课程或活动，在教育环境中能促进尊重文化的多样性，增强对于可以确认的不同团体的文化的理解。此外，这种教育还能够促进学生的文化融入和学业成功，增进国际理解，并促进与各种歧视现象作斗争成为可能。其目的应是从理解本民族文化发展到鉴赏相邻民族的文化，并最终发展到鉴赏世界性文化。这一界定具有广泛的指导性，宽泛地界定了跨文化教育，特别说明了跨文化教育的目的。

我国1998年版《英汉教育大词典》收录了“跨文化教育”这个词条，该词典对跨文化教育的定义是：① 在多种文化并存的环境中同时进行多种文化的教育，或以一种文化为主兼顾其他文化的教育。② 在某个文化环境中成长的学生，到另一个语言、风俗、习惯和价值观、信仰都不相同的文化环境中去接受教育。③ 专门设置跨文化的环境，让学生接受非本民族语言、风俗、习惯和价值观的教育。在我国，跨文化研究的已有成果主要是对外国文化、文化交流史的研究，以及对跨文化交际学、跨文化心理学等专题的研究。在越来越多的、越来越广泛的深层的跨文化交往出现的同时，越来越多、越来越复杂尖锐的跨文化的冲突也随之而来。因此，探讨如何削减和避免人类社会纷繁的跨文化冲突、减少跨文化摩擦、促进人类的类文化及不同民族文化的和睦共存与和谐发展的问题至关重要。联合国等国际组织大力倡导跨文化对话，联合国教科文组织在1992年就提出了通过“跨文化教育”实现跨文化和平的理想，并组织开展了很多区域性的跨文化教育的实践，2001年是联合国规定的“文明对话年”。

北京外国语大学胡文仲教授提出，学习一种语言应该同时发展两种能力：语言能力和社会能力，即跨文化交流能力，这一理论已经为我国外语教学工作者所广泛接受。语言作为文化的载体，反映文化，反映人们的思想；语言又是文化的一面镜子，所以，不能把语言与文化分隔开来。

尽管语言与文化研究在理论上取得了可喜的成果，但是在外语教学中真正意义上的实践却在不断探索中。目前，外语教学“进口多，出口少”，外语教材主要介绍西方社会文化，教材中母语文化相对欠缺；文化教学相对于语言技能教学属于次要地位；教师缺乏教学培训和直接接触外国文化的机会；外语教师的中文基础薄弱。同时，学生的文化素质低，许多学生对本民族的文化知之甚少，在国际交往中往往出现“中国文化失语症”。这一方面是由于在过去的很长一段时间内，我们过分地注重语言的教学而不注重学生的实践能力。虽然近几年对语言教学的效果提出了质疑，也出现了一些新的趋势，但其影响却不是在短时期内可以消除的。另一方面，也与我们在教学过程中对文化教学过分强调外国文化的学习有关。要使这种情况有所改善，就迫切需要加强双向文化教学，在吸收西方先进文化的同时，继承自己的优秀传统文化，并将中华民族优秀文化推向世界。我们的教育既要培养出会用外语表达外国事物、文化的学生，也要培养出会用外语表达我国的事物、文化，向外国介绍中国优秀文化的学生。在外语教学中实施双向文化教学，也就是使整个语言教学过程变成对目的语和母语文化不断加深理解和认同的过程，使学生均衡发展。

二、研究意义

跨文化教育的目的是引导学生获得全面准确的异民族文化知识，包括历史文化知识、政治经济军事文化知识、社会制度与日常生活文化知识、物质文化知识，引导学生养成开放、平等、尊重、宽容、客观、谨慎等积极的跨文化交往的态度，引导学生形成全面而准确地认知异民族文化、进行跨文化对话的能力，以及必要的运用外语的能力，合理地比较本民族文化与异民族文化的能力，适当地对异民族文化进行取舍的能力，合理地参照异民族文化、促进本民族文化的能力，有效地向异民族文化传播本民族文化的能力，从而促进跨文化实践走向世界性的跨文化交往、促进教育的民族性与国际性的统一。跨文化教育主要是指不同国家文化之间的教育活动，也包括同一国家不同民族文化之间的教育活动即多元文化教育或民族教育，并延伸至同一国家不同社会群体文化之间的教育活动。也就是说，跨文化教育可以是不同种族、不同国家、不同民族、不同宗教、不同地域、不同阶层或性别等社会群体之间的教育活动。

语言和文化紧密地交织在一起。语言既是整个文化的产物和结果，又是整个文化其他成分的媒介。人类所有文化现象都可以在语言中得到反映。因此，语言是文化的载体，文化是语言的底座，语言和它赖以存在的文化之间有着极为密切的关系。

"跨文化"之"跨"的语义通常包括两类，一是不同文化之间的比较研究，如"中国哲学与欧洲哲学的跨文化比较研究"，这一语义域的研究属于 cross cultural studies，这与比较研究是同一层面的概念；二是不同文化之间相互影响的研究，如"中国哲学对世纪欧洲哲学的影响"，这一语义域的研究可以理解为 intercultural studies，但是这一研究也包括了比较研究，因为比较是一种关联形态，是一种文化对另一种文化的比较性认知。本书所探讨的是第二类语义域的研究。

第二节　研究的主要内容和方法

一、主要内容

本书将从各个国家、各个时期来研究跨文化交际视角下的外语教育发展，试图解构目前中国高等外语教育从课程设置到课程实施、课程评价等贯穿整个教育过程的各个环节的发展，并力图从世界其他国家的外语教育举措中吸取有益的经验，为我国的外语教育发展寻找更为合理的路径，也为我国外语教育的自我反思提供学理分析及依据。

第一章为结论，阐述了当前关于跨文化交际高等外语教育研究的背景，重点强调了跨文化交际下高等外语教育研究的目的和意义，介绍了本书的研究方法。

第二章对文化、交际、跨文化交际的定义及其之间的关系进行阐述。本章分析研究了跨文化交际能力的重要性及培养的具体措施、思维与文化，同时分析对比了外语教育和高等外语教育的内涵与关系。

第三章对我国高等外语教育的课程目标、课程内容、课程组织、课程实施进行了分析与阐述，明晰现阶段我国高等外语教育的目标与特色。

第四章解释创新高等外语教育的跨文化选择。深化跨文化意识的领悟，了解深化跨文化意识的必要性，培养跨文化交际意识和能力，减少、消除跨文化交际中非语言交际障碍，了解跨文化语言交际与跨文化非语言交际。

第五章分析现阶段我国高等外语教育存在的问题，外语教育理念有待持续发展，跨文化意识薄弱。外语教学大纲面临严重挑战，课程体系有待改进与提高，师资培训力度有待加强，大学外语教材的"中国文化失语症"要制定政策避免。

第六章是对于跨文化交际视角下高等外语教育创新的构想，阐述如何改革课程理念、课程目标、课程内容、课程组织、课程实施方式、课程评价机制等，从而达到合适的目标。

二、研究方法

本书主要采用了文献检索和理论研究等方法，从文化、多元文化、跨文化等视角进行文献检索和理论统整，寻求理论支撑和拓宽学术视野，同时也力求从不同的视角研究外语教学中的跨文化教育问题，从教育、心理、社会及技术层面探讨切实可行的对策。

（一）文献法

通过图书馆借阅相关文献和资料，借助资料期刊数据库以及网络资料，记录筛选有效和权威信息，使得自己的研究能站在前人的基础上，同时又避免了不必要的重复研究。

（二）历史研究法

本书对我国自清朝京师同文馆开设外语学科至今外语教育自身功能定位的历史变化进行阐述和分析，从历史发展的角度把握其演变历程，还原它的变化轨迹。

（三）理论分析法

本书将从教育学及教育社会学的相关理论入手，探讨影响外语教育功能定位的关键因素，并进行深层次的理论分析，进而对我国外语教育功能定位的理性回归提出可行性建议。

第二章　基本概念界定

第一节　文　　化

一、文化释义

（一）文化的概念

“文化”一词具有复杂性、多面性、模糊性与不确定性。国内外学者对其理解与定义各不相同。英国人类学家泰勒（Tylor）在1871年出版的《原始文化》一书中说，文化是一种复杂的整体，其中包括知识、信仰、艺术、道德、法律、习俗以及人们作为社会成员而获得的一切能力和习惯。

美国学者霍尔（Hall）在《无声的语言》中指出：文化存在于两个层次中，即公开的文化和隐蔽的文化。公开的文化可为人所见并能够被描述，隐蔽的文化不可见甚至连受过专门训练的观察者都难以察知。文化所隐蔽之物大大甚于其所揭示之物，奇特的是，它所隐藏的东西连其自身的参与者都难以识破。

亨登（Hendon）把文化分为大写C文化（culture with a capital C）和小写c文化（culture with a small c）。前者包括人类社会文明的各个方面，如政治、经济、文学、艺术、音乐、建筑、哲学、科技等；后者指的是与生活密切相关的具体的生活方式，如饮食起居、风俗习惯、行为准则、社会传统等。同时，文化还包含与其历史发展紧密相关的思想、价值观念，系统地解释人们的交际行为。

（二）文化的分类

我国学者戚雨村认为文化包含三个方面的内容：① 物质文化，体现为各种实物产品，如建筑物、用品、工具、服饰、食品等。② 制度、习俗文化，指的是人们共同遵守的社会规范和行为准则，包括制度、法规以及相应的设施和风俗习惯等。③ 精神文化，通过人们思维活动方式和其产品进行呈现，既包括价值观念、思维方式、审美趣味、道德情操、宗教信仰，也包括哲学、科学、文学艺术方面的成就和产品。

顾嘉祖认为公开的文化层主要指暴露可见的物质文化，包括服装、道路、建筑物、饮食、家具、交通工具、通信手段、街道、村庄等。公开的文化界定标准是指一切可以用人的肉眼看得见、一目了然的东西。而隐蔽的文化主要指软文化，即精神文化，包括隐藏得很深的软文化及隐蔽在物质文化中埋藏得相对较浅的软文化两种。隐蔽文化层中主要埋藏物是观念，包括传统观念与当今观念。价值观念是观念的核心，任何别的观念都是随价值观念的变化而变化的。换句话说，价值观念可以主宰或影响人权观、劳动观、婚姻观、发展观、平等观、宗教观、法制观、道德观、个体与群体观等。

张占一从跨文化交际和外语教学出发，认为文化应分为“知识文化”和“交际文化”。交际文化对跨文化交际产生直接的影响，而知识文化不会对跨文化交际直接产生影响。具体来说，当两个文化背景不同的人进行交际时，交际文化作为语言、非语言的文化因素，会直接影响信息的准确传递。

（三）文化的基本特征

1. 文化具有民族性

戚雨村认为文化是一种社会现象，是人们的创造活动形成的产物。文化的内容通过民族形式映射出鲜明的民族色彩。一般说来，民族具有四大特征：共同的语言、共同的地域、共同的经济生活以及表现于共同的文化特点上的共同的心理素质。因此，民族文化是民族的表现形式之一，是各民族在长期的历史发展过程中自己创造和发展起来的，是具有本民族特色的文化。文化的民族性主要通过其“世界观”来反映，人类观察事物的角度、思维方式和价值观念因民族而异。

2. 文化具有多样性与普遍性

文化是世代传承的，一切文化创造都来自文化积淀的借鉴与启发。文化都是具体的、特殊的，无论从纵向历史的角度看，还是从横向空间的角度看，世界各个时期、各个地域和民族的文化都是不同的。人类学家和社会学家记载了大量世界各地的特殊文化，充分说明文化的多样性。不承认文化的多样性，就会走向种族中心主义，并总用自己民族的价值标准判断别的民族中发生的事件和现象。种族中心主义发展到极端就会产生民族沙文主义，认为自己的民族是优等民族，鄙视和仇恨别的民族。文化的共同性是寓于特殊性和多样性之中的，是客观存在的。虽然在具体形式上有区别，但这些原则在不同民族文化之间是共同的。由于文化具有共性，所以世界各种文化之间才可以交流，才能沟通，才能促进本民族文化的发展。

3. 文化具有动态性与渗透性

文化就其本质而言是不断变化的，是动态的而非静态的。研究进化论的学者认为，人类文化是由低级向高级、由简单向复杂不断进化的。也就是说，我们进行文化研究要注意文化的历时性和共时性，要用历史的、动态的、发展的眼光去看待它，文化是相互影响、相互渗透的。人际交流的过程其实也是文化交流的过程。

4. 文化的功能

文化能够帮助我们正确地认识世界。人类学家威廉·A. 哈维兰(William A. Haviland)说过，人们维系、传承文化旨在应对、解决与文化相关的难题或问题。当今世界，人们普遍拥有这样的共识：文化之所以问世、进化和发展，是因为文化可以为人类、为每一个在这个世界诞生的人展示一个可以预知的世界，使人们清楚地认知和了解身处其间的周边环境，包括自然地理环境、社会经济环境，尤其是人文环境，从而可以在这样的环境里以恰当的方式与他人、与社会、与自然交往而更加平顺地生存下去。

文化可以教会我们恰当地为人处世。从我们每个人出生的那一刻起，文化就为我们提供了现成的行为模式，教导我们应如何以同一社会的全体成员可以接受的方式，即按照特定文化的行为准则去行为举止。在所属文化的熏陶之下，我们会在自身的成长过程中逐步形成和践行本民族的思维模式、世界观、价值观、社会习俗、生活方式、行为准则、道德规范以及交往方式，从而使我们在特定的社会和文化中如鱼得水、应付自如。文化能教会我们每一个人最充分地利用人类自身这个物种历经数百万年的进化而积累起来的智慧，使我们能够与他人、与社会、与自然明智而和谐地相处，面对复杂而艰险的生存环境能够从容应对、处事不惊，从而使人类社会以及人类自身健康、顺利地向前发展。

文化发展到今天已经成为人类的基本生活需求。文化的发展迅猛而广泛，以至于其触角已经延伸到人类生活的每一个角落，成了我们生活的必需品。文化已经成为满足人们三种需求的主要手段：基本需求(包括食物、住所、人身保护等)，派生需求(包括工作或生产组织、食品分配、防卫、社会监控等)和综合需求(包括心理上的安全感、社会和谐、生活目标等)。不同文化满足这些需求的方式方法会因文化的差异而不同，但人们求助于所属文化的理由却异曲同工：帮助他们在情感方面和生理方面继续正常而健康地存活下去。

总之，文化被看作一个包含多层次、多方面内容的综合体，它概括了人类创造和积累起来的全部物质财富与精神财富以及人们的生活方式。所以，不同文化背景的人进行交往时，必然在价值取向、思维方式和行为规范等方面存在差异，这也是我们在外语教学中进行文化导入的原因所在。

二、语言、思维与文化

语言是思维的工具，人类的思维活动要借助语言，语言模式决定人的思维方式，语言结构决定人的世界观，没有语言这个工具，人类的思维是难以进行的。语言是文化的重要组成部分，语言是文化的重要载体，同时也是保存文化、交流文化和反映文化的不可缺少的工具。不同的国家有不同的语言和文化习俗，每种语言都反映着其自身的文化，因此，不了解所学语言的文化，我们便无法正确理解、运用所学的语言。

早在20世纪初，现代语言学的奠基人索绪尔（Saussure）在他的《普通语言学教程》中就明确指出，语言是一种表达思想的符号系统，因此它能与书写系统、聋哑人的手势语、象征性的仪式、礼貌形式、军事信号等相类比，它不过是最重要的符号系统。索绪尔把语言和其他文化现象联系起来，提出建立符号学，其最终目的是探索各种指示行为（包括语言和其他文化现象）所共有的特征，认识它们的内在结构和系统。符号学考察了符号在文化中的运行方式。理解一种文化，就意味着对它的符号系统进行探测和解释。只有当符号借助人们有意无意采用的文化惯例和规则得到破译，符号才会呈现出意义。

应该把共时性的语言研究和历时性的语言研究区分开来。这种原始的语言系统观，把后人的研究视野引向了共时性语言的结构性和体系性上面，开创了语言系统本体研究的滥觞，推动了语言学的发展。从哲学的角度视之，对语言系统进行本体性的研究不仅必要，而且在理论上亦为可行。因为语言作为一个相对独立的符号系统，有其自身的内在组织规律，对语言系统进行本体性研究，旨在揭示构成语音系统、词汇系统、句法系统以及语义系统等子系统之间的交互作用，从而进一步揭示语言系统内部诸要素组织规律。任何有规律的系统都不是完全封闭、完全独立的，总是和其他系统发生千丝万缕的联系，这种联系越密切，系统与系统之间的相互影响就越明显。所以，单纯的本体性研究往往是片面的，并不能充分揭示语言系统的内部机制。

美国语言学家萨丕尔（Sapir）和沃尔夫（Whorf）就语言对文化的影响提出了自己的观点，他们认为语言不仅仅反映现实、反映文化，而且语言结构部分地或全部地决定着人们对于世界的认识。由于这个观点至今未被证实，因此被称为是假说。这就是著名的“萨丕尔-沃尔夫假说”(Sapir Whorf Hypothesis)。

众所周知,语言是一种社会现象。语言的这种“社会性”说明,语言系统不可能是一种存在于真空中独立发展、自主自灭的系统,人们的语言表现形式经常受语言之外的社会要素的制约。换言之,语言系统内部诸要素无一不与社会大系统的诸要素发生联系,而且这种联系不是简单的对应,而是纵横交错、彼此渗透、全方位的联系。因而,只有把语言系统放在社会大系统中加以考察,才能更有效地揭示语言的本质以及语言系统的内在规律。从这个意义上讲,社会语言学冲破了语言系统本体研究的束缚,开了跨系统研究之源头。

“社会语言学”,顾名思义,理应是广阔无垠的社会各层面和语言系统的各个层面之间的比照研究。然而,社会语言学家的研究视野,并非像“社会”那样广阔。他们揭示的主要是社会大系统中某些要素,如地理环境、社会地位、人际关系以及性别等对人们言语的影响。社会语言学认为语言与人的社会状况密不可分。可见,社会语言学所揭示的语言的“社会性”是十分有限的。

现代文化社会学认为,任何人类社会都离不开文化,文化是人类社会赖以生存和发展的基础。社会实际上是一个纷繁复杂的文化大系统,语言只不过是构成文化大系统的要素之一。因此,把语言和文化结合起来,进行深入的比照性研究,能更加广泛地揭示语言的“社会性”,同时也能加深人们对语言的文化功能的理解。雷金纳德(Reginald,1960)认为任何语言都是习得的行为方式的复杂体,语言也是一种文化现象。人们完全有理由认为,语言只是文化的一部分,而不能说文化就是语言。也就是说,文化不等于语言,文化大于语言。然而这种包容关系只是语言与文化之间的复杂关系的一个方面。从符号学的角度看,语言以外的符号,如图形、手势、海陆交通信号等也能表达某种意义,但人类的经验和行为主要是由语言符号的意义来体现的。换言之,文化大系统不可能独立存在于语言系统之外,反之亦然。这种相互依存的关系,颇似形式与内容的相互作用,因为从哲学上讲,如果把文化视为内容,语言视为形式,则内容不可能包容形式。由此可见,语言与文化的关系不能简单地归结为形式与内容之间的相互作用。一方面,语言系统本身是构成文化大系统的要素之一;另一方面,文化大系统的其他要素都必须由语言来传达,从而得到演进发展。换言之,人们可以观察到作为文化的一部分的语言和作为文化传播媒介的语言这种双重性质。这种双重性质确定了语言与文化的不可分割性,正如法国著名符号学家巴尔特(Barthes,1984)所言,“无论从哪方面看,文化都离不开语言”。

从广义上讲,语言是一个民族的标志,它与知识、信仰、艺术、道德、法律、风俗等人类创造的成果一样，都属于文化现象。语言具备文化的一般特征，是文化的一部分。文化作为创造语言的动力和语言表达的内容，制约着语言的产生和发展的内容。文化不但决定着语言指称的内容和方式，还规定着人们的语言观念。所以，语言与文化有着密切的联系。不能脱离文化而存在，文化是语言赖以生存和发展的土壤。

事实上，语言和文化之间始终存在着密不可分的内在联系。人们常常把语言比作文化的镜子，通过语言可以认识文化。另一个比喻是将语言与文化比作冰山，可见部分主要是语言，它只是冰山的一角，隐藏在水下的巨大主体是文化，比如价值观、社会规范、传统、习俗和生活方式等。从哲学的视角来看，语言与文化构成一个活生生的人文社会；从交际的观点来认识，没有语言的交际范围极为有限，倘若没有文化，那就不可能有交际；从语用的视角来理解，语言是思维信息的载体，文化则是思维信息流通的规则，它可以促进思维信息交流，也可以阻碍交流。语言与文化相互影响，两者关系密切。人们往往从对语言的理解中去理解文化，又从对文化的理解中去理解语言。

综合各家学说，语言和文化的关系密不可分。首先，语言和文化具有很多相同的特点。它们都是一个民族或群体区别于其他民族或群体的主要标志，是社会的主要组成部分。它们都是后天通过社会交际习得的，通常是同时进行的，因此两者之间有着密切的联系。其次，语言是一个符号意义系统，它是反映和传播文化的主要途径，同时也是文化的重要组成部分。它帮助人们联系自己的环境，对自然和文化的物品进行辨别、归类，并组织、协调人们的社会活动。文化有两个方面的作用：从群体文化的角度来看，它是语言反映的内容，文化的发展变化是语言形成和发展的原动力；就个人而言，文化因素决定语言的具体使用，语言、词汇、句法等的选用都会受到文化因素的影响。总之，语言与文化相互依赖，相互影响。克拉克洪(Kluckhohn)认为没有语言的人类文化不可思议。同样，离开了文化，语言也不可能存在。语言和文化的关系在人类的交际活动中体现得淋漓尽致。

从结构语言学发展而来的“功能学派”代表人物英国的韩礼德(Halliday)认为：语言是一种社会现象，交际、交流思想是语言的基本功能。因此，研究语言不仅要重视它的结构意义，而且要重视它的情景意义。韩礼德特别强调重视语言和社会环境的关系，指出语言既有词句的上下文，又有情景的上下文。功能学派强调：对系统语法的研究必须真实地反映人们使用语言的情况，不仅要注意语言的形式结构意义，更要注意词句与社会、文化的情景意义。在不断发展的语言学理论影响下，外语教学也发生了巨大变化，其中的主要体现便是教学目的逐渐放在培养学生跨文化交际能力上。

语言的重要性对人类来说是不言而喻的，但实际上，人们往往忽视语言对人类行为的重要影响，因为人们将说话和写字视为理所当然的行为。人们是用声音和符号来表达思想，记录历史，反映现实。语言交际是通过编码和译码来传递信息的过程。王德春(2000)指出，编码是用语言表达思想，译码是接收者将话语信息符号转化成意义。语言交际是人们进行跨文化交际最主要的一种形式。语言交际的成功与否要受到各种因素的制约，其中之一就是文化因素。

三、跨文化研究

（一）跨文化研究概况

跨文化研究是在各民族成员交往日益频繁的背景下形成的一个学术方向，在冷战结束后尤为迅速地发展起来，几乎涉及社会科学和人文科学的全部领域。钱敏汝将跨文化研究与跨文化交流学、跨文化交际学等之间界定为一种上下义关系，并对这几个学科名称所代表的研究领域加以厘定，认为跨文化交际学以研究以语言为主要手段的交际类型为核心任务，而跨文化交流学还探讨诸如外事活动、职业生活、企业管理等其他的交往方式，跨文化研究则除了上述类型以外，还涵盖社会科学和人文科学的几乎全部分支和它们涉及的行业领域。这样一种界定，将跨文化的研究领域作了最大的拓展，使关于跨文化的讨论不再仅仅局限于跨文化交际这样一个比较狭义的概念。当然，这并不是否定跨文化交际学所取得的成果和做出的贡献。应当说，跨文化交际的研究成果为跨文化研究进一步拓展自己的疆域、发展自己的理论奠定了坚实的基础，并成为其核心部分之一。所以，在我们关于跨文化研究状况的梳理中，跨文化交际研究占很大比重。

（二）跨文化教育研究

外语教学中的文化定义，应包括表层文化和深层文化。表层文化指的是一个社会群体在人际交往中的约定俗成的习惯性定式构成的生活方式和交往方式，具有鲜明的民族、地域特色的行为模式，如风俗习惯、道德风尚、语言风格、礼仪礼貌、言谈举止的行为规范等，人们通过观察、介绍可以逐步了解的文化形态，因其比较繁多零散，不易理出头绪。深层文化指的是精神实质层面，如价值观念、思维方式、情感方式等，它是一个民族共同体在长期的共同生活中氤氲化育而成的民族心理结构，它与表层文化交融互摄、互为表里。深层文化需要通过理性的思维才能把握，由于它比较集中、系统、稳定，一旦认识了它，就能比较全面、深刻地把握一个民族的文化特征，并由此更容易理解其表层文化的种种表现。深层文化制约着人们的行为方式，并通过表层文化表现出来，因而，每个民族都有自己独特的内容和方式。

在跨文化教学中，就某一语言现象设立专题进行文化研究，把语言现象和相关文化有机融合，使学习者通过习得语言而习得文化，这也是有效的语言文化教学策略之一。日语中有关天气寒暄、季节问候语在日本文化中独具一格，颇有情趣。由于气候、季节和时令景物无不与自己朝夕相随，息息相关，所以学生感到自然贴切，容易接受。为此，专业人士可以把气候寒暄语作为一个专题进行文化研究，并将其研究成果运用在教学实践中。日本人在交际、寒暄和应酬时通常以天气和季节感觉打开话题，因而，无论是电视节目主持人面向观众报道新闻，还是电视访谈节目中主宾双方展开论谈；无论何种形式的公开演讲、讲座抑或纷呈精彩的各种晚会，都可以谈论天气情况以打开话题。

教师的介绍和讲解使学生懂得了这类寒暄交际句式的语言功能，但他们对日本人如此钟情于气候寒暄却感到困惑不解。所以，在进行日语教学实践时，如教学过程中设计的课堂讨论、个人演讲、二人会话或与日本人交流时，他们几乎不运用所学的气候寒暄语。由此可见，来自不同文化背景的人使用话语的策略不仅与行为规范和礼貌有关，而且在更深层次上与思维方式和民族心理紧密相连。日本人习以为常的气候寒暄、季节问候语给深受本国文化影响和制约的中国学生带来交际上的不适应、不自在或言不由衷的牵强附会，甚至产生误解等等，都极大影响了跨文化交际的顺利进行。因此，单纯的语言学习和了解为目的文化知识不足以形成跨文化交际能力，自觉的文化意识还应以理性为依据。只有深入研究其深层的文化意义和日本民族的文化心理，并且把研究的心得与教学实践密切结合，针对课本内容和课堂实际，主动积极地、有计划地、系统地向学生传授与语言学习和运用密切相关的文化因素，即语言中所包含的文化因素，才使学生能系统地了解日本文化的表层结构以及这二者之间的关系，了解文化结构对日语的语言结构的制约关系，在语言学习和运用中自觉地认识并努力去适应这种关系。

对此，在精读课教学中，教师应有意识地融入与日语学习和运用密切相关的文化因素和文化背景知识。以上述“气候寒暄语”为例，笔者把它应用到课堂教学中，在授课前的几分钟里，用天气和季节性用语问候学生，一方面由此迅速把学生的精力集中起来，调动起他们的外语思维，另一方面则可以使学生在潜移默化中开始主动学习日本文化的路程。把日语中关于季节的词汇、时令的说法，日本一年中大自然呈现的四时变化、四季风物以及相应的传统的民俗节日和游乐活动向学生做介绍，进而让学生对比中日语言文化和两国风土人情之异同。这一过程贯穿在推移的时光和循序渐进的教学内容的组织之中。

正因为气候与人们的生活息息相关、朝夕相随，气候寒暄、季节问候语能够传达一种关心和牵挂，唤起人们心里亲切的感觉，制造易于沟通的氛围，成为彼此联系、相互体贴的纽带，所以它融洽了师生感情，营造了轻松和谐的课堂气氛，活跃了学生的外语思维，又激发起他们深入学习和研究日本文化的兴趣，从而有助于多元文化互动的情景，其结果是学生在教师指导下探求和揭示了新知识。

（三）跨文化教学策略实施的要素

文化教学应当是指有目标、有计划的教学活动，而不是无意识、非意识的学习行为。跨文化教学中的文化教学的目标随着时代的变迁曾几经变化，多样化的教学策略也相应产生。传统的语言教学思想认为文化是由语言传达的信息，教授语言的同时就会教授相关的文化，文化教学自然而然存在于语言教学中，把文化教学的目标和通过语言教学获得的文化教学成果混为一谈，忽视了文化素养教育。20 世纪 80 年代以后，文化教学受到重视，但是以了解和记忆目的文化的信息为目标，侧重历史、地理、文学、艺术等大写的 C 文化内容。仍然以日语教育为例，许多高校的日语教育在办学方针和教学内容上相应地进行了调整和更新，除了保留原有的有关语言学方面的基础课型外，增加了日本概况和日本的社会、政治、历史、经济、教育等课程，把文化视为以上课程内容的综合，主要介绍日本的知识文化。随着交际语言教学理论、社会语言学、语用学、文化语言学的兴起，文化教学的重点从大写的 C 文化转变为思维、观念、行为等小写的 c 文化内容，文化教学的目标也从单纯传达目的文化的信息转变为培养学生的跨文化交际能力。然而，要达到这一目标并非易事，因为它涉及外语教学的多个方面。

采取有效的跨文化教学策略，研究语言与文化的相互关系和相互作用，可以培养学生自觉的跨文化意识和对不同文化的敏感性，使其成为具有跨文化交际能力的高素质人才。根据个人的实际体会，笔者拟提出实施文化研究的教学策略所应当具备的条件。

（1）文化研究的教学策略对教师业务水平和综合素质的要求较高，教师应与时俱进，更新教育观念，提高自身的文化素质，使自己既为教学者又是研究者，教学与研究并重。一方面，教师所具备的语言知识和能力为学术研究提供了得天独厚的条件，因而教师在研究目的语的同时，也要重视研究目的语的文化蕴涵，使自己具有对目的文化的理解力、洞察力以及扬弃的能力。另一方面，教师还要学习、研究母语的文化，具备双重文化的理解能力。在教学过程中要理智地对待不同文化间的差异，通过语言对比和文化对比，使学生了解两种文化的异同，树立起明确的跨文化意识，培养对不同文化模式的容忍性，避免产生文化偏见，增强跨文化交际能力。

(2) 从文化语言学的角度就设立的语言专题进行深入和系统的文化研究。文化语言学把语言看作民族文化的模式和构成民族文化的符号系统，认为语言与文化之间始终存在着密不可分的内在联系。教师可依据文化语言学的理论和方法进行文化研究，并把研究的成果融合在跨文化教学中。在文化研究的教学策略中，教学的重点从教向学的角度转变，体现学生的主体作用，以学生为中心。因此，教师不仅要自己传道授业解惑，还要从文化研究专题、范围和方法上指导和训练学生，使学生在研究的过程中克服自己的文化偏见，摆脱自身价值观念的束缚，以科学的态度对大量原始文献资料加以梳理。

文化研究的教学策略是一种高层次、高难度的学习，具有挑战性，探索过程和发现的结果能激发与调动学生的学习积极性，学生完全可以积极配合，通过各种渠道主动学习。由于跨文化的口头交际对听说能力的提高至关重要，阅读参考文献和写作研究报告可促成书面交际能力的飞跃，因此，文化研究有利于培养学生听、说、写、读四项语言技能的全面发展。

(3) 教科书应兼顾文化习得方面的内容，尽量反映目的语的文化特点，真正融语言与文化为一体。选择课文的标准应看其文化视点是否突出，是否包含一定的社会文化内容，有否反映民族生活方式和思想观念的背景知识，以便适应跨文化教学多样化的动态趋势。

第二节 交　际

一、交际释义

(一) 交际的概念

"交际"与"共同"有密切关系，紧密相连。交际的前提是"共同"或"共享"；只有共同享有同一种文化的人才能进行有效的交际。"共享"是交际的基本特征，符号活动和信息转换则是交际的基本属性，而社会、文化、心理等因素则是达成有效交际的必要前提。应用语言文化学认为，交际是受社会、文化、心理、语用等多种因素制约的符号活动和信息转换的共享过程。

（二）交际的基本类型

交际作为人类活动最基本的形式，是以人为中心进行的。交际共有两种基本类型。一是人际交际，指信息的发出者与接收者都是具体的人，如人与人的交际、人与自我的交际等；二是非人际交际，又可分为两种类别。第一种是交际一方为人，另一方则是广义上的自然界，如人与自然的交际、人与世界的交际等；第二种是交际的双方都不是具体的人，而是社会某组织或机构与视听众群体之间进行的交际，如以书刊、报纸、电影、电视、通信、网络等媒介或技术手段向大众进行的信息传播等。

无论上述何种交际，其进行交际的媒介的基本形式都不外乎语言的和非语言的两种。交际的基本类型可用图 2-1 表示。

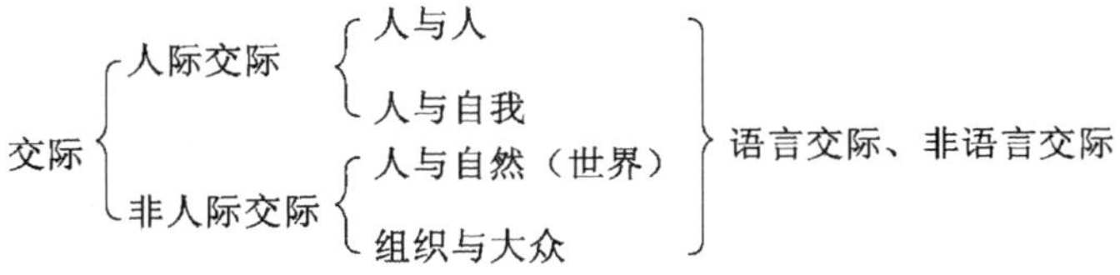

图 2-1　交际的基本类型

（三）交际的本质

萨摩弗(Samover)等认为：交际是人类在相互交往中使用符号创造意义和反射意义的动态、系统的过程。这一定义揭示了交际的如下本质：

(1) 符号是交际的主要手段。这里所说的符号既包括言语符号，也包括非言语符号。符号所指的行为既可以是有意识的也可以是无意识的；既可以是有目的的(intentional)也可以是无目的的(unintentional)。如脸红、微笑、皱眉等无意识非言语行为发生并被观察或注意到时，交际就发生了。

(2) 交际是一个编码和译码的过程。把思想、感情、意念等编成诸如言语或非言语行为以及书面语符号的过程就是所说的编码。译码过程则是给从外界接收到的符号或信息赋予意义或加以解释。只有当信息发出者和信息接收者共享统一或接近的语码系统时，编码和译码过程的有效实施才能得以保证，进而实现有效交际。

(3) 交际是动态发展的。交际过程是一个渐进的过程，新的信息不断取代旧的信息，人们不断受到彼此发出的信息的影响，各交际构成要素之间彼此作用，交际处于不断的变化之中。

(4) 交际行为具有系统性。交际行为是文化和社会行为，它不可能孤立地发生，而必然处于一个庞大的系统——社会之中，并受到社会中众多因素的影响和制约。交际环境和文化环境是影响交际的重要因素。交际场景或语境决定了人们可能在其中发生的语言和行为。

(5) 交际具有交互性。交际中，人们都在不间断地同时发送和接收着信息，所有参与者共同发挥作用，共同创造和保持意义。

(四) 交际的要素

贾玉新认为交际至少涉及以下因素：

(1) 信息源。信息源是指具有交际需要和愿望的具体的人，是消息的制造者、发话人。因为交际过程通常由一人以上参与，所以交际中通常多个信息源共同存在。

(2) 编码。作为一种心理活动，编码是人们利用社会、文化和交往规则以及语言本体的词法、句法等规则对语码进行选择、组合和创造信息的过程。

(3) 信息。信息是信息发出者思想的具体体现，是编码的结果，是交际个体在时空中某一特定时刻以语言或非语言符号形式体现的具体反映。

(4) 渠道。渠道是让信息得以传递的物理手段或媒介。信息传递的手段多种多样：可以是书面形式的，如书信往来、书刊、报纸、告示等；可以是电子形式的，如电话、电视等；还可以是声波和光波形式的，如广播、录音、图片等。

(5) 信息接收者。接收并注意信息的人是信息接收者。信息接收者可以是有意图地接收信息者，如他就是信息源意欲交际的对象；也可以是无意图的，如他恰巧听到了某个信息。交际通常是一个连续不断的、反复的过程，因此，交际中人们通常既是信息源又是信息接收者。

(6) 译码。把外界的刺激转化为有意义的经验就是译码，它是信息接收者对发话者的信息进行解析的内心活动。

(7) 反应。反应指信息接收者在解码后的行为。信息接收者的反应可以是信息源所期待的行为，也可以是对信息源的行为听而不闻，视而不见，不采取任何行动，甚至可以是信息源不希望看到的行为。

(8) 反馈。反馈是信息接收者反应的一部分，是被信息源接收到，并且被赋予含义的信息接收者的反应。反馈对交际有十分重要的意义，交际者可以利用反馈来检验信息的传达和分享是否有效，以便及时调整自己的行为。交际者在面对面的交谈中得到反馈的机会最多。

二、语言交际

传统理论认为，跨文化交际是两种不同语言词汇按一定语法从一种语言转换成另一种语言，是两种不同语码的转变，这只转达了语言内容，并非语义。从诸多语言调查中发现，人们交际时所需用的知识是多方面的，而且解读话语线索、认知语义框架结构是在不同层面上进行的。语言所表达的意义不仅依赖于语言内容，在很大程度上取决于表达形式，而且还涉及音律、语调和语体交际时，发话人讲话时采用不同的音律表示不同的意义，即在不同的地方停顿所表达的意义不一样。如：My aunt who lives in Miami is very nice. 住在迈阿密的那个姨，她人很好。（讲话人有一个以上的姨）My aunt who lives in Miami is very nice. 我姨住在迈阿密，人很好。（讲话人只有一个姨）

不同的语气具有不同的言语释义。释义不仅取决于语言内容，更主要取决于文化框架内的语境化线索（contextualization clues）和发话人与受话人之间的社会框架结构关系。相同的一件事情在不同的文化语境中，使交际者产生了不同的社会关系和不同的语义表述。因此，交际者双方的权利、权势、权力和社会距离对语言的影响显而易见。

口语在交际中非常重要，分正式的演讲、朗读、交谈和非正式两种。演讲所使用的是标准词汇，句子合乎语法、简明，易于理解，语速较慢，发音清楚，常常保持拖腔风格以保持听众注意力，一般用陈述语句，偶尔使用设问句以增强交际效果。同时，演讲人为了增强感染力，经常使用排比和对偶句。演讲是一个双向互动的交际活动，交际效果最终取决于听众，演讲人在编码时必须把自己的意图置于听众的预期框架结构内，尽最大可能、采用多种技巧来调剂与听众之间的关系，以拉近双方之间的心理距离。朗读语体是书面语的声音形式，是单向的信息传递，具有他控性、连续性和不间断性等特点。从词汇到语句确保清楚，具有规定的语速、语流、节奏，形式前后一致。广播节目、听力考试等单向交际形式，涉及一系列被动解码，不属互动交际活动。交谈语体包括话轮转换（turn taking）、沉默（silence）、会话管理策略，强调话语互动（interactive synchrony），涉及许多会话技巧。访谈、对话里的词汇、语法、发音标准化，语流、语速程式化。

非正式语体的话语基调受语言社团或社区和交际环境影响出现了大量的

语言变异现象。语境化策略较强，较多使用俚语、替代，句子简单，强调语境化和情景意义，交际双方共知语言背景较多，交际时伴随着大量非语言交际。这种语体常用于熟人之间、非正式场合。由于语境共享，双方都具有一种归属感，有助于创造和谐的交际氛围，具有较强的沟通性，在小范围内具有较强交际优势。

语言优势在交际过程中起着非常重要作用，是实现交际目的重要的交际手段，但语言交际离不开非语言交际，两者不可分割。

三、非语言交际

非语言交际因素在交际活动中具有明显的指示性，无论是在单一化的还是在跨文化交际活动中，都起着至关重要的作用，如身势语、副语言、环境语言、客体语言(object language)。康登(Condon)认为有 24 种非语言因素参与交际，萨莫瓦(Samovar)等认为在面对面的交际中 65% 的社交内容传递是由非语言行为执行的。与语言交际相比，非语言交际的特点可归结为三点。其一，非结构性：非语言交际没有固定的结构和正式的规则，绝大多数非语言交际是无意识的、无章可循的；其二，非语言性：非语言交际没有一套具有明确意义的符号，每个动作的意义并不固定；其三，连续性：语言交际可能时断时续，而非语言交际则可以是连续不断的，前者停止时，后者可能还在持续。

非语言交际因素具有明显的文化性和社团性，交际时尽量避免跨文化误读、误解而成为跨文化交际障碍。通过对交际互动录像进行结构分析，发现交际者的眼睛、面部、四肢、躯干都不由自主地发出信号，如目光交流、手势、体距、时间、空间概念、话轮转换、沉默等直接影响交际能否顺利进行。

目光交流(eye contact)具有较强的文化性，不同的文化有着不同或相悖的认知，并分别置于不同的释义框架结构。不同文化对目光交流的不同释义框架常常在跨文化交际时出现障碍，又由于交际时经常使用外语，美国人具有明显的语言、文化优势，加之令中国人感到不舒服的关注、期待、急切的目光，有时出现交际误解；中国人给美国人的印象是有点冷漠，不礼貌，不诚实，缺乏互动，结果在跨文化交际中让充满热情的美国人大失所望。

手势(gesture)具有说明、展示、强调语义、表示情感、调剂交际者之间的关系等作用，不同文化里的手势具有不同或相反的释义。从对录像统计分析，中国文化里无论是表义还是到展示的手势，次数相对少，美国人认为缺乏手势的交际缺乏表现力和感染力。

心理学家认为面部表情是人内心深处一种情感表露和展示。美国文化认为面部表情具有夸张性，会增强交际效果，而传统中国文化认为在正式场合控制情感是最为得当的做法。实际上，这是美国实用主义和中国“面子”观点的鲜明对照。在跨文化交际过程中容易造成误解，一方认为对方情感不够丰富，不能引起共鸣；另一方则认为对方不够庄重严肃。

体距(proxemics)是跨文化交际过程中不可缺少的非语言交际因素，其交际跨度和强度都大于语言交际。体距及音量的大小取决于交际双方之间的关系和交际场。霍尔(Hall,1964)认为空间距离的变化可以影响交际，起着超语言作用。美国文化把交际场分为亲密距离(intimate distance)、私人距离(personal distance)、社交距离(social distance)和公众距离(public distance)。

跨文化交际中，副语言具有鲜明的特征，起互动作用，语境化线索较强。汉语里“沉默”表示对发话人的礼貌，不插话，而英语里的“conversation、dialogue”则是双向、互动交流的过程。英语文化认为积极参与是礼貌的表示，“沉默”则表示不感兴趣，而中国文化里的“沉默”则是保全“面子”。不同文化对相同事物有不同释义，在交际中就出现了差异，结果导致了交际障碍。

非语言因素不像语言那样准确，很容易引起误解，或理解夸大，以至于出现交际障碍，甚至出现文化冲突，而这种冲突却难以用语言自身来修补。

四、语言交际与非语言交际的关系

语言交际与非语言交际隶属于两个不同的交际框架结构系统，它们各自独立，在交际过程中相互联系、渗透、作用，不可拆分，同步进行，是融为一体的两种交际体系。在交际强度、交际量、交际跨度和交际顺序上很难有一定之规，是相互促进的两个方面。

第一，语言交际与非语言交际一致时，交际效用呈最大优化规律(maximization)。语言交际与非语言交际之间的差别是显性与非显性、有声与无声语言之间的差别。在交际过程中，非语言交际被称为无声语言(silent language)(Hall,1973)，或暗藏的领域(the hidden dimension)(Hall,1966)，语言信号与非语言信号按照一定节律，在交际过程中相互配合，在互动中完成。如果两者同步编码，表示一致的意义，或相互重复、印证、补充、说明，或非语言交际充分展示语言所表达的内容时，交际效益呈最大化。如伴随着“I'm very happy!”的是灿烂笑容、伴随着“Welcome!”的是热情拥抱，这会获得最佳的交际效果。

第二，语言交际与非语言交际不一致或相互否定(contradicting)时，交际效用呈递减规律(minimization)，甚至抵消。跨文化交际时，由于对非语言交际因素的无知、误读或误用，所表示的意义与语言所表达的意义恰恰相反，这时非语言交际因素起副作用，减弱或完全抵消了语言的交际功能，从而否定了语言的交际作用。当两者出现冲突时，释义的首选依据来源于语言交际因素的信息源。美国心理学实验证明：非语言交际可信度高于语言交际可信度，前者的真实程度大于后者。语言里有“谎言”，而非语言交际在美国一般被认为很少有伪装成分，这就是西方国家在司法实践中普遍使用机械或人工测谎的心理依据。

第三，非语言交际的替代、缓冲和修补作用。交际时，人们普遍的心理是追求交际经济，以最快、简明、最易于沟通的方式进行交际。如摇橄榄枝以乞求和平，食指与中指交叉掌心向外表示胜利，拥抱表示祝贺和安慰，抬头、挺胸、阔步向前以表示信心，轻轻拍背以示鼓励等。

在跨文化交际时，由于掌握对方语言的熟练程度低于母语，交际时常常出现中断现象，为弥补语言的不足，继续保持交际伙伴的注意力，以填补交际中断，经常采用缓冲手段。如：uh…，well…，I think…，let me think…，just a second 和一些后频道信号(back channel signals)，如 right，aha 等插入语以维持会话合作。

由于认知模式、释义模式的不同，导致话语模式出现了错位、相反的差异，因而跨文化交际活动中出现了误读、忽视或夸大对方文化偏差，编码的结果达不到或超出对方的交际预期，或与交际预期正好相反等现象，这些交际失误和障碍只有非语言交际才能修补。

在跨文化交际过程中，语言交际与非语言交际共同承载着交际信息。为了减少语境化规约造成的交际失误，避免交际障碍，增强文化差异敏感度，应把非语言交际研究应纳入语言研究理论框架结构范畴，把非语言交际融入语言教学。培养跨文化交际技能和跨文化交际效益最大化应作为语言理论研究和外语教学的最终目标。

五、语言、文化与交际“三位一体”的关系

语言是由人创造、使用、发展和完善的，它的产生又使人有了文化。语言的这种功能，确定了其文化属性。语言不能脱离文化，不能脱离社会继承下来的传统和信念，它必须依托一个环境而存在。文化的发展与语言的发展之间是互相推动、互为促进的关系。语言被称作是文化的载体，是反映文化的一面镜子。

二者既密切联系，又互相区别。文化的创造离不开语言，文化的变化和发展也不能与语言的变化和发展割裂开来。文化从一开始就与语言密不可分。

著名学者邓炎昌先生指出语言是文化的组成部分并影响着文化。语言是文化的冠石——没有语言，就没有文化；语言又反映文化，受到文化的影响。我们可以认为，语言包含一个民族的历史和文化背景，蕴藏着该民族的人生观、价值观、生活习俗和思维方式，反映的是一个民族的特征。

在由语言、文化与交际共同构成的人类活动体系中，语言是重要的交际模式，文化是交际依存的环境，交际是信息传递的过程。交际不仅传递思想内容，而且传递有关交际双方之间关系的信息。前者主要是通过语言传递，而后者往往是通过非语言手段传递。在整个交际过程中，语境起着非常重要的作用。语境包括两个方面：地理位置和周围布置等客观环境、场合特点和人际关系等社会文化环境。这些环境因素不仅直接影响语言的使用和非语言行为，而且对所传递信息的感知和理解也产生影响。而环境本身蕴涵丰富的文化内容，来自不同文化背景的人会对相同的客观环境和社会文化环境持有完全不同的理解，因此可以说文化决定着语言和交际。

交际是语言与文化传播与发展的重要途径。人们在社会交往中习得语言和形成文化能力。没有必要的社交活动，再完备的语言习得机制也保证不了语言知识的掌握，语言文化只有通过交际活动才能被人们所共享，文化的纽带作用在交际活动中得以体现。

综合以上对文化、语言和交际之间关系的论述，我们得出这样的结论：交际是一个动态的信息传递过程；在信息传递过程中，文化是信息传递所依托的环境，语言和非语言是信息传递的重要渠道；交际既依赖于语言和文化，又促进语言和文化的习得和传播。

语言的使用反映了人们的价值观念、生活方式和思维习惯，而社会文化的发展变化是语言赖以生存和发展的基础，交际则是联系语言和文化的纽带。因此，语言、文化与交际之间是一种水乳交融、不可分割的“三位一体”的关系。

第三节　跨文化交际

跨文化交际是指来自不同语言和文化背景的人们之间的相互交往。由于交际双方的语言和文化背景不同，所处的生态、物质、社会及宗教等环境不同，催生了语言习惯、社会文化、风土人情等等诸语境因素的不同。不同文化背景造成交际双方说话方式或习惯不尽相同，而这一文化差异则是跨文化交际的巨大障碍。语言与文化两者之间是相互联系、相互影响的关系：一方面，语言是文化的基础，是文化的载体，可以说没有语言就没有文化；另一方面，语言是文化的一部分，受文化的影响，反映着文化。学习语言必须了解其文化，而了解文化又必须学习该语言。在跨文化交际过程中，交际双方无论是在文化价值取向、价值评判标准还是在思维方式等方面都存在着各种各样的文化差异。因此，与普通交际相比，跨文化交际的特别之处在于要超越不同文化的束缚，在互相尊重双方文化的基础上，求同存异，开展交流。

一、跨文化交际内涵

科里尔和托马斯(Collier and Thomas)认为，跨文化交际是指认同于不同文化的交际者之间的交往。并且，交际者之间的认同是跨文化交际的主要标识，如果认同于各自文化的交际者以各自文化代言人的角色进行交流，那么他们之间的交际即为跨文化交际。

由此可见，交际与文化密不可分。在学习一门外语时，不仅是学习该门语言的语音、语法规则和掌握一定量的词汇，而且要学习这门语言所承载的一种文化。无论是外语教学者还是外语学习者都应该意识到语言的这种功能，使外语学习达到一个更深的层次。外语教学不仅是传授语言知识，更重要的是培养学生运用外语进行跨文化交际的能力。在跨文化交际中，交际双方进入同一种文化背景中，如果双方在交际中都能考虑这种语言的文化背景，双方就不会产生误解，也不会出现交际失败的情况。交际的双方既具备跨文化交际的意识，又具备跨文化交际的能力，这是彼此成功实现跨文化交际的两个最重要的因素。这两个因素相辅相成，缺一不可。综上所述，跨文化交际是指本族语者与非本族语者之间的交流，同时也指任何在语言和文化背景方面有差异的人们之间的交流。

二、跨文化交际研究

跨文化交际研究起源于 20 世纪四五十年代的美国，其中语言学家特雷格(Trager)和人类学家霍尔(Hall)的影响最为深远，前者对语言培训方法以及语言与文化的关系观点独到，论述精辟；后者则被认为是跨文化交际研究之父，他的经典之作 *The Silent Language*(1959)被看作跨文化交际研究的第一部专著。

随着世界政治、经济形势的变化和跨文化交流的日益频繁，跨文化交际研究越来越受到人们的重视，尤其引起了很多社会科学研究者的关注。赫尔维茨（Hurwitz）认为，1983年古迪昆斯特（Gudykunst）的 *Intercultural Communication Theory：Current Perspectives* 一书的出版标志着跨文化交际学作为一门独立科学的建立，从此，跨文化交际学成为热门学科，进入全面深入的研究阶段，不仅出现了像哈德肯斯（Hudykunst）、马丁（Martin）、贝内特（Bennett）、班德（Bond）、佩吉（Paige）、杜美（Toomey）、维斯曼（Wiseman）等来自不同文化背景的理论研究者，而且很多国家和地区都成立了跨文化交际研究的学术机构，如美国的跨文化教育、培训和应用协会（SIETAR-USA）、跨文化交际学院（the Intercultural Communication Institute），日本的 SIETAR-Japan，中国跨文化交际协会（China Association for Intercultural Communication，CAFIC）。

美国学术界对跨文化交际的研究比较成熟，提出了多种理论，基本上可以把这些理论分成彼此之间并不完全互相排斥的七类：

① 文化传播理论；

② 解释文化变异性的理论；

③ 侧重跨群体（跨文化）有效传播的理论；

④ 侧重适应或调整的跨群体、跨文化调适理论；

⑤ 侧重身份认知管理或协商的跨群体、跨文化传播；

⑥ 侧重传播网络的跨群体、跨文化传播；

⑦ 侧重对新文化的移入（适应的跨文化理论）。

这些理论的提出，对跨文化交际学的研究和发展构建了理论框架，相关专著、论文层出不穷，充分显示出跨文化交际学作为一门新兴学科的蓬勃生机及其适应时代发展需要的本质特征。

20世纪80年代跨文化交际的研究大多是对现有交际理论的检验和扩展，集中探讨抽象的文化和交际理论。古迪昆斯特关于减弱不确定感（uncertainty reduction）和金（Kim）关于跨文化调试（intercultural adaptation）的研究即是当时的代表作。他们基本上采取的是以理论构建为目的的 Etic 和 culture-specific 的研究方法。[Etic 和 Emic 是目前社会科学，尤其是语言学和文化学，广泛接受和使用的两种相对的研究方法，最早由派克（Pike）提出，哈里斯（Harris）对发展和推广这两种研究方法也起到了重要作用。]这些研究虽然为跨文化交际理论框架的形成做出了很大贡献，但是，由于缺乏对世界各个国家、地区的文化以及各个亚文化群体的实证研究，这些理论仿佛空中楼阁，可望而不可即，而且其可靠性也令人怀疑。

跨文化交际研究涉及交际的整个领域。从人类活动的范围看，可专门研究不同文化中家庭成员的关系，师生关系，顾客与店主的关系，熟人与朋友之间、陌生人之间的交际方式等。从人际交往的语用规则看，可专门比较不同文化在称呼、问候、致谢、道歉、称赞、请求、告别等方面的差异。从交际行为类型看，又可将跨文化交际分为语言交际和非语言交际两大块。王振亚在《以跨文化交往为目的的外语教学》中指出：跨文化交往可以根据不同的媒介分为三种形式：语言交往（verbal interaction）、非语言交往（nonverbal interaction）、超语言交往（extra verbal interaction）。每一种形式又可以分为若干次范畴。在跨文化交往中，这三种形式多相互交织，但也可以单独出现。胡文仲曾提出影响跨文化交际的 8 个变量：态度、社会组织、思维模式、角色的规定、语言、空间的使用与组织、时间观念以及非语言表达。萨摩弗和伯尔特（Samovar & Porter）指出：交际活动始于发话者的编码，但这一思想活动的结果，在交际过程中总要体现于言语或非言语行为。言语和非言语行为体现跨文化交际的表层差异，然而跨文化交际学的深层比较包括信念、价值观、世界观、语言系统、思维模式、社会组织等。

第四节　跨文化交际能力

一、跨文化交际能力的含义

跨文化交际能力是跨文化交际学科的重要概念，其内涵非常丰富，学者们对这一概念做了大量探讨，并给出了不同的解释。① 施波茨贝格（Spitzberg）将跨文化交际能力广义地视为在某一特定语境中恰当和有效的行为；② 卢斯蒂希（Lustig）和科斯特（Koester）认为跨文化能力由语境、得体性与有效性以及知识、动机与行为组成；③ 斯宾塞·奥泰和富兰克林（Spencer-Oatey 和 Franklin）的定义则是不同文化背景的交际者实施有效得体的言语或非言语交际行为及处理交际行为所产生的心理问题和交际后果的能力；④ 丁·图美（Ting Toomey）认为跨文化交际能力是将理论和实践相结合，使交际者能够敏感而有意识地使用跨文化知识进行交流的方法。西方学者们的界定多从社会学、心理学和交际学进行宏观表述。维斯曼（Wiseman）总结前人的研究成果，认为跨文化交际能力特指能恰当而有效地与来自不同文化背景的人们交流所需的知识、动机和技巧。

跨文化交际能力不仅概念表述繁多，其英文称谓也有 cross-cultural communication(CCC)，transcultural communication competence(TCC)，和 intercultural communication competence(ICC)三种之分。三种说法同一所指也存在差异。鲁本(Ruben,1989)认为，CCC 包含四种能力：① 对他文化成员表现尊重；② 对他文化成员无先入为主的判断；③ 在跨文化交谈中遵守话轮秩序；④ 从他人视野看世界——移情。埃德曼(Eerdmans)指出，CCC 必须具备语言能力和交际能力。交际能力指的是在跨文化交际情境中熟悉对方文化的交际习俗和修辞策略(如问好、话轮顺序、礼貌习俗)。CCC 还与诚实、灵活、移情和表达尊重等人性特点联系在一起。CCC 的三要素分别为语言能力、交际能力和文化意识。

Ting Toomey 认为“cross-cultural”特指发生在同一主流文化背景下不同亚文化之间的交流，而“intercultural”则是来自不同文化群体成员之间的符号交流(包括共享意义和符号体系)，在《跨文化间的交流》一书中，作者交替用 ICC 和 TCC 来指代跨文化交际能力，并列出清单，TCC 应表现下列品质：① 对模糊的宽容；② 思想开放；③ 灵活应变；④ 尊重；⑤ 适应；⑥ 敏感；⑦ 有创造力。古迪昆斯特认为，ICC 由知识、动机和技能构成，三者缺一不可。知识是指跨文化交际所需的跨文化意识，以及对他者文化的理解，例如他者文化的交流规则、语境、民族特性等。动机则包括跨文化交际中的情感、意图、需要和动力。焦虑、社交距离、民族优越感和偏见都会影响交流者参与或放弃交际的决定。技能指的是交际语境中有效而恰当的行为和表现，技能必须可重复操作，并以实现目标为导向。这三种因素可以通过教育、经历和有指导的实践来后天获得，理论上，通过学习每个人都可以成为熟练的跨文化交际者。从学术文献表述来看，CCC 多指本族语者与非本族语者之间的交际能力，强调文化交往，ICC 和 TCC 同指不同国家、民族和地区间的跨文化交际能力，强调文化比较。

中国学界有学者视跨文化交际能力为一个系统，贾玉新指出跨文化交际能力包括基本交际能力系统、情感和关系能力系统、情节能力系统与交际方略系统。杨盈和庄恩平认为跨文化交际能力由全球意识系统、文化调适能力系统、知识能力系统和交际实践能力系统共同组成。在称谓上，中国研究者对跨文化交际能力和跨文化能力两种说法是否对等也存在不同看法，一种观点认为，跨文化能力是比跨文化交际能力范围更广，要求更高，更加综合的能力；一种观点认为跨文化能力是跨文化交际能力的组成部分，交际能力与跨文化能力并列，共同组成跨文化交际能力。也有研究者认为跨文化交际能力与跨文化能力等同，它们是同一个概念，从而有利于在跨文化交际能力培养过程中同时注重语言交际能力和跨文化意识、思维能力、非语言交际及交际策略等方面的培养。胡文仲指出，这些观点在理论上都站得住脚，鉴于大部分相关学术文献对这两种能力都不予区分，他倾向于将两种提法视为同一种能力。

衡量跨文化交际能力有两个核心标准：有效性和适宜性。跨文化有效性(intercultural effectiveness)指跨文化交际达到有效沟通，成功实现个人交际目的，可概括为达到三项结果：完成工作任务、适应新文化能力、建立健康的人际关系。适宜性(appropriateness)是指交流者的语言和行为符合特定语境的期望和要求，这要求交流者充分了解交际情境中对方能接受的行为规范，遵守不同风俗的行为约束，言谈举止恰当(如清楚、可信、周到，有共鸣)，避免因违反规则而做出不礼貌、令人厌烦或奇怪的反应。汀-图梅(Ting Toomey)认为跨文化交际成功与否还应考量交际双方的满意度(satisfaction)。他从认同协商理论(identity negotiation theory)出发，指出不同文化背景的人们都期望自己的个人身份和集体身份能得到他人积极正面的认可。当预期的个人身份和集体身份在交际中受到尊重和肯定，交流者会感到满意；反之，则不满意。

二、跨文化交际能力的培养

就外语教学而言，文化学习的目的更倾向于文化调试，即保持自己的文化身份，在了解目的语文化和特点的基础上与目的语文化群体进行恰当、有效的交际。然而，这并不是外语教学中文化学习的最终目的。外语学习者在此基础上，了解更多的文化群体，掌握文化和跨文化交际的普遍规律，增强跨文化意识，提高跨文化交际能力，力争成为一个跨文化人，这才是克拉姆什(kramsh)和拜拉姆(Byram)所提出的外语学习和文化学习的最终目标。

跨文化交际能力是一个复杂的概念，包含很多要素，涉及很多层面。贝尼特和凡提尼(Bennett & Fantini)对跨文化交际能力做了较为全面而具体的阐述，认为跨文化交际能力包含三成含义：超越民族中心主义思想的能力、善于欣赏其他文化的能力以及能够在一个或多个文化环境中恰当表现的能力。

张红玲在此基础上提出以下跨文化交际能力框架：

① 增强自我意识，认识民族中心主义思想和成见的存在，消除偏见。

② 培养对异国文化的好奇、开放、欣赏、移情态度。

③ 培养文化相对论思想和跨文化意识。

④ 积累民族文化和外国文化知识，进行比较分析，了解异同。

⑤ 学习非语言交际的意义表达系统，了解其中的文化差异。

⑥ 熟悉文化学、社会学、心理学等相关知识，了解文化和文化学习的本质，掌握跨文化交际的普遍规律。

⑦ 坦然面对模糊、不确定交际环境，善于调整心态，勇敢面对文化冲撞。

⑧ 具有很强的灵活性和适应能力，能够根据不同的交际风格和来自不同文化群体的人们的需要，调整自己的语言行为。

⑨ 经常反思本族文化，反思自己的跨文化交际行为。

跨文化交际能力要求学习者超越本族语和目的语及其相应的具体文化的束缚，了解各种不同的思维方式和生活方式，开阔视野，培养灵活的、适应于多种社会文化环境的交际能力。

培养跨文化交际能力，可从以下具体途径来进行：

(1) 加强师资培训。外语教师大部分都是文学和语言学背景，没有系统学习过跨文化教育理论，为实现外语语言教学向跨文化教学转变，大学外语教师有必要研读学习跨文化交际理论著作。上海外语教育出版社出版的“跨文化交际丛书”，以及从国外引进的从跨文化视角进行外语教学的著作，为广大外语教师提供了跨文化交际理论的学习材料。教育行政部门或学校在组织教师培训时，可适当增加跨文化教学内容，使教师转变观念，增强自觉意识，并将意识转变为实际的教学活动。

(2) 开发优质教材。跨文化交际教学方面也涌现出了一批优秀教材，如《大学外语跨文化交际教程》(清华大学出版社)、《跨文化交际视听说》(高等教育出版社)，师生使用反响良好。随着跨文化交际理论研究的发展、教学法的演变、学生水平的提高等因素，对教材建设提出了更高的要求，需要一批富有时代气息、凸显跨文化交际内涵并在全国有广泛影响力的优质教材。各高校结合本校办学特色和学生需求自编的跨文化交际教材不仅有益而且必要，如苏州大学自编的《中华文明与地方文化英文导读》《跨文化交际与地球村民》教材以及山东大学自编的《外语话中华》等就是很好的尝试。

(3) 培养双向跨文化意识。外语教学长期以来习惯于学习英美文化，对学生的跨文化意识培养也集中于如何使学生了解英美文化。随着我们国家世界影响力的不断扩大，同时出于对外传播中国文化的需要，培养学生的双向跨文化意识成为必然。跨文化意识培养中应该增加中国文化内容，增强我国文化的对外表述能力，弘扬民族文化，增强文化平等意识，我国外语教育跨文化意识双向成长是由国家发展战略态势所决定的。

(4) 重视实践培训项目。从本质上讲，跨文化交际能力是一种行为层面上的能力，缺少实践的支撑，也就违背了它的基本属性，没有生命力和应用价值。利用第二课堂，丰富课外实践活动，加强国际交流，把学生置身于真实的跨文化交流互动中去，或者应用现代网络、多媒体技术，带领学生进入虚拟的跨文化交流平台，如通过 E-mail 结交异国搭档，使学生直接参与跨文化实时互动，这些做法都对跨文化交际能力培养起着重要作用。

将跨文化交际能力培养作为外语教学的重要维度深化了外语课程的内涵，使外语教学本身更有意义。跨文化教学融入外语教学能够促进外语课程工具性与人文性的有机融合，将社会主义核心价值观有机融入外语课程，使外语符合国家、社会发展的时代需要，并更好地服务于学生个人发展需求。

三、跨文化交际能力培养的具体措施

(一) 提高教育者本身的文化素养

跨文化知识包罗万象，从广义上讲，它包括目的语国家的政治、经济、历史、地理、文艺、宗教、习俗、礼仪、道德、伦理、心理及社会生活的各个方面；从狭义上讲，有日常用语、专有名词、成语典故、民间谚语等和形体表情等无声语言。外语语言教育者虽然具备一定的外国文化知识，但是面对快速发展的世界，必须要及时补充和更新知识，必须要不断学习，通过多种渠道了解外国文化，只有这样才能适应跨文化交际教学和外语教学。

(二) 利用大学外语课堂教学，开展跨文化交际教育

1. 运用教材资源，补充文化背景知识

例如，笔者使用的高职外语教材是《新编实用外语》，其中有个单元是 Christmas& Thanksgiving Day。在讲这个单元的时候，老师都会给学生补充一些关于圣诞节和感恩节的背景知识，帮助理解单元和文章。除此之外，从跨文化交际的角度，还可以利用这个单元给学生创造一些学习的机会。例如，将西方较为隆重的节日和中国重要节日相比，假设中国留学生在圣诞节期间去外国朋友家做客，就要涉及送礼、就餐这些礼仪文化。西方人的礼物是象征性的，不如中国人的礼物重；西方人当面拆开别人送的礼物，同时表示喜欢。就餐的时

候，西方人比较直接，不会一直向客人劝菜，等等。在有条件的情况下，可以请学生进行几组对话，以加强他们的理解和印象。利用背景知识进行跨文化交际的教育，不仅使学生更好地理解教材单元内容，而且有效地加强了他们跨文化交际的意识。

2. 对比词汇的文化内涵

以外语来说，大多数的英文词汇内涵和中文翻译词汇内涵不是对等的，有些中文词汇在英文中表示的是完全不同的意思，而有些英文词汇在中文中则根本没有相应的对等词汇。教师在词汇讲解过程中要特别注意词汇内涵的讲解。如外语中表示颜色的词汇可表示其他的意思。green with envy 表示忌妒，in blue mood 表示情绪低落。与词汇的文化内涵相联系的词汇讲解，不仅有助于学生理解和记忆词汇，更有助于学生培养跨文化交际意识。

3. 注重成语、短语、惯用语的内涵和使用

比如，外语和中文一样，有很多的成语或者是短语，看似简单，实际意思却和字面意思大相径庭。比如在 God，I'm all thumbs today? 中的“all thumbs”，并不是表示所有的大拇指，而是表示笨手笨脚。再如 bench warmer，指的是替补队员。汉语中的“壮如牛”，在外语中却为“as strong as a horse”（因为英国早期是以马来耕种的）。这样的例子可以说无处不在，而教学过程中，学生对这样的短语也是比较感兴趣的。但是学生不可能掌握所有的短语用法，因此在学生开怀大笑的同时，教师要注重培养学生对外语短语的敏感性和使用的谨慎态度，不望文生义，遇到这样的短语能够产生怀疑，积极地查找字典寻求正确的意思。

4. 对中英文化中言语行为的文化差异进行比较

所谓言语行为，是指人们通过言语所完成的行为，如在日常交往中相互间的称呼、恭维、允诺、问候、邀请、拒绝等。比如日常问候方式的差异，在中国常常是“吃过啦”“上哪儿啊”而外语中则是“how are you”，比如对别人赞美的回答中文通常式谦虚的“没有，哪里哪里”，而外语中是直接的“thank you”。要培养学生使用语言时不单从字面出发，而是试图设想外语使用国家的交际环境来使用语言。教师可以利用教材、图片或者电影资料，适时地给学生补充这方面的知识。

5. 注重非言语行为的文化差异对比

人与人之间的交流除了言语行为，还经常使用到非言语行为，例如我们所熟悉的身体语言（body language），身体语言又包括手势（gesture）、目光语行为

(eye contact)等。身体语言在传递信息、表达感情、态度等方面具有重要的作用。如西方国家交流时眼神直视表示诚实不欺，而中国人交流时避免眼神直视表示对对方的尊重。要有效进行跨文化交际，学生必须在学习语言的过程中不断积累这些知识。

(三)引导学生积极进行课后的跨文化交际知识的学习和跨文化交际能力的培养

教师可以在课后利用第二课堂给学生播放外文生活片，使学生在真实的语言应用过程中学习语言使用，了解语言和文化，增加学生对目的语国家习俗、价值观、审美观、礼仪风范的了解。教师要引导学生进行课外阅读，培养他们在阅读中发现文化差异的能力，积累跨文化交际的知识；鼓励他们和学校的外教积极交流，加强理解，提高他们跨文化交际的能力。

第五节　外语教育和高等外语教育

一、外语教育

外语是国际交流的桥梁，各国都需要学习其他国家的语言，否则就无法进行国际间政治、经济、文化等方面的交流。教育是培养人的一种社会实践活动，是传承社会文化、传递生产经验和社会生活经验的基本途径。教育有广义和狭义之分。广义教育，凡是增进人们的知识和技能、影响人们的思想观念的活动，都具有教育作用。狭义教育，主要指学校教育，是教育者根据一定的社会要求，有目的、有计划、有组织地对受教育者的身心施加影响，期望他们发生某种变化的活动，即期望他们成长、成人、成才、成功，成为社会的有用人才，成为马克思主义哲学终极关怀称之为自由全面发展的人。本书中的教育主要是指狭义教育，即学校教育。

外语教育是学校教育的重要内容之一，也是基础教育学科之一。外语教育的核心要务在于培养学生的语言应用能力。学校是培养各级各类人才的场所，各级各类人才都需要进行公共外语教育，而外语人才需要在外国语大学或外国语学院进行专门训练和培养，才能从事外语教育工作和翻译工作。幼儿外语教育、小学外语教育、中学(初中高中)外语教育属于基础初级外语教育，大学外语教育(各专业)属于基础中级外语教育，研究生外语教育(硕士博士)属于基础高级外语教育，外国语大学和外国语学院外语教育属于各级(本科硕士博士)各类

(不同行业)外语专门人才教育。公共外语教育是各级各类人才所具备的最基本的普通翻译技能教育,其目的是获取本专业国外的专业信息或者把本专业信息介绍到国外去;外国语大学、外语学院的外语教育则是专业外语教育,是培养专业外语人才的特殊途径。

二、构建外语教育学

外语教育学的创建,不仅能明确外语教育研究的层次与向度,为开展外语教育研究提供参考,而且能为外语教育研究提供顶层设计,提升外语教育能力,增强课程、教材、教法、习得等分支学科之间的逻辑联系,促推各分支学科之间的协调发展和有机融合,有利于各分科研究成果的互鉴与共享,促进外语教育研究的深化,实现外语教育质量的稳步提升。

但是,我们也意识到,学科创建工作从来就难以一举成功,而是需要不断修正、不断完善的。新学科的创建,必然会受到来自现行学科体制的制约,而且难免受到学界思维定式的束缚。因此,如何突破体制制约,打破思维定式,破解常见误区,是外语教育学学科创建所必须解决的问题。本书以此为出发点,旨在解答如下问题:

(1) 既然与外语教育相关的二语习得研究、外语课程研究、外语测试研究等学科已然存在,为何还需构建外语教育学?

(2) 当下创建外语教育学独立学科地位的核心要务是什么?

(3) 外语教育学的实践主体是否仅限于师范类高校或教学经验丰富的研究者?

(4) 构建外语教育学,对我国外语教育实践有何影响?

其中,第一个问题涉及创建外语教育学这一学科的因由,即为何构建外语教育学;第二个问题与现阶段创建外语教育学的核心要务有关,即如何构建外语教育学;第三个问题与外语教育学的实施主体有关,即谁来构建外语教育学;最后一个问题讨论外语教育学与外语教育实践之间的关系,即构建外语教育学有何意义。

构建外语教育学,是突破分科研究束缚、实现外语教育研究快步发展的必然举措。从学科的角度来看,二语习得研究、外语测试研究、外语教师发展研究、外语课程研究、外语教学法研究等,均与外语教育有关。那么,既然这些学科已然存在,为何还需要构建外语教育学?其主要原因在于,学科体系的结构性特质,要求我们必须重视范畴的层次性梳理工作(张岱年,2012)。如果仅重视研究的深度，忽略研究的广度和学科体系的建构，漠视理论的层次性特质，学科现状难以改变，更难以取得长足发展（潘新和，2002）。周宪（2015）也指出，分支性学科固然重要，但往往限制了思考的空间和路径，窄化了研究的视野，消磨了“异端”理论的锋芒，束缚了研究个性的成长，技术的考量压倒了思想的张扬。因此，综合性学科有其存在的价值，甚或对学科发展价值更大。比如，就语言研究而言，语音学、音系学、句法学、语义学、语用学等学科固然重要，但只有构建了语言学这一统领性学科，才能更好辨别语言的结构性与层次性，才能更好把握不同分支学科的研究特质与重点，才能更好析解语言（使用）的机制与原理。因此，构建外语教育学，是打破二语习得研究、外语课程研究、外语测试研究等分支学科各自为战、缺乏有效互动、相互借鉴不足的有力措施，是明确外语教育研究的结构性与层次性、凸显各分支学科的研究重点、实现各分支学科有机融合的必然趋势。

从学科的维度看，构建外语教育学的另一原因，与现行学科体系中的逻辑空位有关。毫无疑问，二语习得研究、外语教材研究、外语课程研究、外语测试研究、外语教师研究等学科，均与外语教育有关。我国现行的学科体制，基本以《中华人民共和国学科分类与代码简表（国家标准 GBT 13745—2009）》为准。遵照这一标准，外语教育各分支学科与其上位学科的关系，有两种不同的处理方式。一是将这几个学科作为应用语言学的辖属学科，二是将这几个学科作为语言学的辖属学科。

三、高等外语教育

（一）我国高等外语教育现状

1. 外语教育的价值取向及政策制定

尽管外语作为交流工具是“价值中立”的，但是外语教育是人才培养的路径，是拥有鲜明的国家利益导向的。世界各国的外语教育都具有明确的国家利益导向。

外语教育是国家教育政策的重要组成部分，外语教育的制定和执行应遵循其内在发展规律。然而相较于美国等发达国家，我国的外语教育制定过程并未上升到国家战略层面进行顶层设计。外语教育的颁布主要以教育行政部门的文书为表现形式，而非以法律条文的形式予以明确，受功利价值左右，具有显著的“外生性”特征。基于外生性、工具性的外语教育价值取向势必会使外语教育事业迷失方向，缺乏逻辑性。同时由于没有部门对外语教育进行专门研究，外语教育的长期规划也有所缺失，从而使得我国外语教育在维护国家软实力方面的角色及功能定位不清。此外，我国学界对文化认同的研究开展较晚，外语教育呈现出以西方强势话语权国家向弱势话语国家文化的单向传递态势，忽略了对本民族语言文化的坚守，从而背离了人文教育精神。部分外语学习者对西方文化的渗透毫无觉察，向往西方优越的物质文化生活，背弃自身的文化认同。外语课程设置无视语言知识与社会文化、价值取向间的内在联系，致使外语课程存在全盘照搬西方语言文化教育范式的导向。外语教材内容的选择更是西方话语垄断，缺少本民族的语言文化作品。

文化安全在外语教育中体现在学习外国语言文化知识的同时，坚持维护和发扬我国的语言文化，以实现捍卫我国民族文化利益和文化安全的目标。然而现行外语教育实践中在上述目标实现的过程中出现的问题仍然突出，不容忽视。首先是本民族传统文化在教学中的弱化问题。尽管部分高校设置了中西文化比较类课程，但在教学实践中对“目标语”的重视程度远胜于母国语言文化，我国传统文化输出的“失语”现象普遍存在。事实上，学习者在外语学习中的母语思维及学习经验的“迁移”是外语习得的主要方式，母语文化灌输对实现外语教学目标不无裨益。

2. 外语教育仍然处于优势地位

据英国文化委员会预测，到2020年，我国英语学习者将达10亿人，这意味着届时我国英语习得者的总数将超过全世界以英语为母语者人数之和。正如“语言是征服精神的武器”，对于外语教育的过度重视势必削弱对我国语言文化教育的地位，从而降低民族认同感，威胁国家文化安全。外语生态失衡现象仍然突出。外语语种单一化，非通用语种发展不足。

（二）高校外语教育发展的几点启示

1. 规范高校外语院系的设置，优化配置资源

中华人民共和国成立以来对全国高等外语院系的几次调整都是对高等外语教育资源的重新配置，适应了当时形势发展的要求，建设了一批高水平的外国语大学，还促进了其他高校外语院系的发展。据统计，全国高校有900多个英语教学点，300多个日语教学点，规模空前，但资源分配不公平，而高水平外语院系建设任务仍然艰巨。仅仅依靠几所专门外语院校，显然不能满足社会需求，因此，必须加强外语教育资源的优化配置，尤其是在其他各类院校中，应重视外语院系的建设，加大资金投入，加强硬件和软件的建设。

2. 继续推进外语教学法的多样化发展

学习一门外语，科学的外语教学法扮演着重要角色。中华人民共和国成立以来，随着国外应用语言学理论的传入，各式各样的外语教学法也纷沓而至。各式教学法在不同时期，不同程度上推动了我国外语教育的进步。近年来，我国外语人才培养取得了一定成就，但外语教育的规模与质量并未同步前进，外语专业学生在口语、写作等方面仍有待提高。因此，必须探索中国特色外语教学法，因时因地因材施教，结合我国学生的实际情况，提倡外语教学法的多样化发展。

3. 继续推动多语种教育共同发展

由于英语特殊国际的地位，英语教学需要继续加强，但重点应在教学质量上。另外，21 世纪经济全球化向纵深发展，国际联系日益紧密，因此，要立足于国际社会并取得发展，就必须加强与各国的交流。在这当中，外语人才扮演着至关重要的作用。一方面，我们需要学习他国先进经验和高新技术；另一方面，我们也需要对外宣传。有的语种可能一时用不上，但不能因此忽视对这些语种的人才培养，更不能断线。所以，我们要重视各语种外语人才的培养，这既是我国现代化建设的迫切要求，也是推动世界文化大繁荣大发展的必要措施。

第三章 高等外语教育课程分析

我国高校的大学外语课程设计与课程改革，由于缺少课程历史研究和课程理论研究这两块基石，加上缺乏应有的评价制度，经常会被狭隘的经验所左右，造成课程变动频繁，使教学工作无所适从。国内外三十多年对外语课程的研究，可以说基本上与应用语言学理论的发展同步，各种外语课程改革理论都是当时语言学界主流思潮的反映，较少地关注教育理念对外语课程的影响。但是，这并不意味着教育理念对外语课程没有影响。在我国高校专才教育理念下，大学外语课程理念是培养学生的语言技能，使学生能以外语为工具，获取专业学习所需的信息，使其成为社会主义现代化建设所需的高级专业人才；在专才教育课程体系中，大学外语课程是为专业学习服务的一门工具性基础课。在20世纪末和21世纪初，随着通识教育理念在我国高校的推广和本科通识教育课程体系在部分研究型大学的确立，大学外语课程理念和课程要素必然会随之发生相应的变化。因此，本章将从通识教育理念出发，以教育学、语言学和应用语言学的相关理论为基础，分析通识教育视野下大学外语课程理念及其课程各要素的构建，为后面国内外通识教育视野下大学外语课程的现状分析提供理论参照。

对跨文化交际能力培养的重视使得大学外语需要在教学中突出语言和文化的有机结合，使学生明白语言与文化相互作用会产生交际意义并完成交换意义。斯卡里诺(Scarino，2009)认为，任何语言教学都是一项跨文化互动、交流的双向动态教育活动，在语言教学过程中不仅要观察、描述、分析和解释交际现象，还要积极阐释在多元社会文化语境中“本我文化”和“他者文化”如何促进或阻碍跨文化交际。基于跨文化交际能力培养的大学外语教学，试图让学生熟悉交际现象背后多种文化背景的认知、思维模式以及信息编码、解码的过程和方式，以便在跨文化语境下能够理解交际对方的意图并做出合适反馈的交际。

跨文化交际能力培养彰显了大学外语所蕴含的人文性。大学外语使学生通过语言习得实现汉语与外语、汉语文化和外语文化的积极互动，同时加深对两者的理解，培养跨文化情感、态度和意识，提高综合素质和文化素养，有利于养成文化交流的开放态度。掌握不同语言有利于进行有效的沟通，可使不同文化、种族、不同国家的人们从感受不同文明深刻内涵的过程中相识相知、相互理解，从而拉近人与人、国与国之间的距离，促进世界文明彼此包容、和谐共生。

第一节 课程目标

一、目标的定位

每一种教育行动都是指向某个目的的一个过程的一部分。教育目的是一定社会培养人的总要求。是根据不同社会的政治、经济、文化、科学、技术发展的状况确定的。它反映一定社会对受教育者的要求，是教育工作的出发点和最终目标，也是制定教育目标、确定教育内容、选择教育方法、评价教育效果的根本依据。我国宪法规定："国家培养青年、少年、儿童在品德、智力、体质等方面全面发展"，这是我国各级各类学校的教育目的。

就高等学校而言，需要根据学校的性质、任务、不同的专业领域制定自己的培养目标，也就是将教育目的具体化。高等学校的培养目标是一个"目标体系"或"目标系统"，具有"层级性"的特点，需要逐级分解成更低层次的目标。将通识教育理念作为整所学校办学思想的高校，其培养目标需要进一步转化为通识教育目标和专业教育目标。培养目标的实现，主要依赖于高校所设置的课程达成。于是，通识教育目标和专业教育目标则进而转化为通识课程目标和专业课程目标。

通识课程目标首先必须根据大学自身的人才培养目标确立一个通识课程总目标，如哈佛大学的核心课程确立了培养"有教养的人"这一总目标。再者，将通识课程总目标细分为若干具体的子目标，由不同的通识课程负责实现相应的子目标。总目标是一系列的子目标的有机统一，子目标的实现既是人才培养目标转化到通识课程体系的重要途径，也是总目标实现的根本保证。因此，大学外语课程目标既是通识课程目标体系中的子目标之一，又是不同类别的外语科目的总目标，不同外语科目的教师在实践中需要将其具体化为教学目标。（图 3-1）

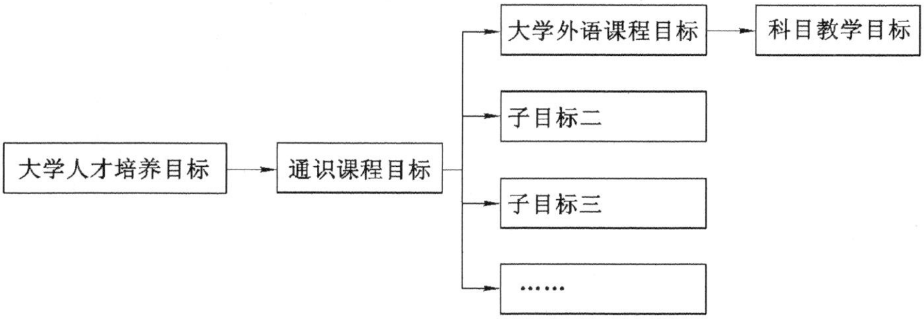

图 3-1　大学外语课程目标定位

二、目标的层次

斯滕(Stern)和乌尔曼(Ullmann)将外语教育的目标归纳为四个层面:语言水平、知识、情操与价值观、技能转移。语言水平从抽象到具体包括三个方面:① 势能方面,即语言势能(语音、语法、词汇和篇章)和技能层面(社会语言和语用);② 技能方面,即听说读写技能及跨语言技能;③ 使用方面,即相关角色、情景、主题和功能的具体规范。知识包括目标语知识和相关文化知识。情操与价值观指在语言学习过程中,学习者在思想情操和态度、价值观等方面受到的影响。技能转移是指将学习某一语言的经验(如语言学习技能、概念知识、情操与态度)归纳推广到其他语言的学习。这四个层面的概括虽然较完整和具有包容性,但是四个层面的分类有一定的重合性和模糊性,比如语言水平中的语言势能方面目标也可归为知识类目标。

斯塔克的“课程是学术计划”的定义中指出,目标要素是指学生所要学习的知识、技能和态度。根据这一观点,以斯滕和乌尔曼的目标分类为基础,将大学外语课程目标分为三个层面:第一是知识类的课程目标。课程一定要让学生有认知的学习,让学生了解该课程的基本内容、概念、理论等实质内涵,包括语言知识(语音、语法、词汇、篇章等)和相关文化知识。第二是技能类的课程目标,包括听、说、读、写、译五项基本技能、自主学习技能、学习策略和跨文化交际技能等。第三是态度方面的课程目标,也称为情操意志/价值观方面的目标或综合人文素养,如人文精神、批判意识、审美和鉴赏能力、对他文化的宽容和理解能力、国际化的视野等。

然而,在决策大学外语课程目标时,这三个层面的目标并非是等量齐观的。

情操意志/价值观方面的目标是通识教育的终极目标之所在，知识和技能的学习是输入的前置阶段，包括大学外语课程在内的任何通识课程是否能实现通识教育的核心理念关键则在于是否能把握好情操意志/价值观这一目标层面。大学外语课程目标的设计要以解放人的主体性为宗旨，从片面强调语言知识和语言技能转变到注重人文素养和人的全面发展上来，所以实现情操意志/价值观方面的目标是关键。

第二节 课程内容

一、内容的选择

根据斯塔克的界定，课程目标是学生所要学习的知识、技能和态度，而课程内容则是传递特定知识、技能和态度的学习题材(subject matter)。课程目标回答“为什么教”的问题，课程内容则回答“应该教什么”的问题。

根据课程目标的层级性，课程内容的选择也可分为三个主要层次。第一层次是整个学院课程体系(college curriculum)中内容的选择，即整个学院课程结构的构建；第二层次是整个项目或专业课程体系(program)中内容的选择，即项目或专业课程体系中各门课程的选择；第三层次是单门课程(subject)中内容的选择。三个层次之间有着密切的联系。不了解宏观课程结构的功能，便不能按照此功能安排每门课程的内容；反之，对微观的每门课程的功能及内容的情况不了解，也不利于构建宏观的院系或项目/专业的课程结构。这里主要讨论位于第二层次的大学外语课程内容的选择，即大学外语课程体系(program)为了实现知识、技能和情操意志或价值观这三个层次的课程目标“应该教什么”，“应该选择什么样的学习题材”。

大学外语课程“应该教什么”，首先是由语言的本质特征决定的：① 语言是人类最重要的交际工具。② 语言是符号系统。作为符号，语言由两个方面组成：形式和意义。人类的认知系统和社会交际的需求构成潜在的意义系统，社会意义系统通过语义系统得到实现；语义系统通过语法系统以语音的形式得到实现。③ 语言是人类的思维工具和文化载体。人类思维依赖语言这个工具，而语言又是思维过程和结果的体现。语言是文化信息的代码，可以说，一种语言的历史，也就是该民族思维活动和文化发展的历史。由此可以推论，大学外语课程的内容可以包括以下三个方面。首先，大学外语课程可以把外语作为一种交际工具教给学生，因为语言只有在交际和使用中才有生命，学生才能真正理解学习外语的目的，从而更加自觉地学习和运用外语。其次，大学外语课程可以把外语作为一种符号系统来教给学生，因为只有对外语的语言形式及其组合规律进行分析，学生才有可能更快速、更有效地学会该种语言。最后，大学外语课程可以把外语作为一种思维的工具和文化的载体来教给学生，因为掌握另外一种语言意味着掌握另外一种思维的方式和习惯、观察和认识世界的方法及跨文化的交际。语言词汇是文化信息的沉淀，语言交际模式和各种习语是社会文化观念和交际习惯的体现，任何偏离习惯的行为都将改变原有的结构所表达的特殊信息，并产生新的意义。因此，外语国家的文化传统的讲解和文化知识的传授也是大学外语课程的重要内容之一。

决策者对语言的本质特征的不同认识将会导致其对大学外语课程内容的不同选择或侧重，这是由大学外语课程作为语言类课程的特殊性决定的。另外，大学外语课程作为一种“学生的学术计划”，又是教育学的研究对象，其内容的选择必须反映或遵循某种教育哲学理念。历史的经验表明，只有属于人文学科的外语课程才能是通识教育的一部分。我国学者李曼丽在分析经过权威认可的美国部分学院或大学的通识教育课程的基础上，根据各学科本身的教育意义和时代的发展要求，提出“语言(包括文化)及文学艺术”是通识教育内容必不可少的部分的论述。她的相关论述对我们理解作为通识教育课程一部分的大学外语课程“应该教什么”具有启示作用。

第一，大学外语课程应教给学生语言知识和语言技能，同时锻炼其思维能力。

为了成功地完成大学教育，大学生应该具有清晰而有效的思考和写作能力，并能理解所读所听。语言和思维是不可分割的。大学生在提高语言技巧的同时，能够磨炼他们的思维，成为智力良好又有社交能力的人。作为一个公民，如果在社会各项事务中不能够精确、中肯、有力地表达自己的观点和态度，就不能达到富有成效的交流，从而给自身的日常生活和工作带来不可避免的损失。对语言的熟练使用是对一个受过教育的人的最基本的要求。

第二，大学外语课程应该教给学生他国文化传统和文化知识。当今时代是一个开放的时代，信息技术和通信技术的进步使地球变得越来越小，人类创造的一切文明成果都应被全世界所共享。大学通识教育主张学生在吸收人类文化时，应当不带任何偏见和歧视。诚如哈佛大学文理学院前院长罗索夫斯基(Henry Rosovsky)在20世纪末讨论通识教育内容时所说，“一个受过教育的美国人，在本世纪所剩余的时间里，不能以本土或一州居民的狭隘意识，而忽略其他文化或其他时代。往后，在我们的生活中再也不能断绝与更大世界的联系与往来，而事实上我们也生活在世界当中；未来，受过教育的人与未受过教育的人，最大的区别，在于生活经验的宽或窄而已”。然而，这些目标如果没有对于外语的熟练掌握基本上是不可能实现的。

第三，大学外语课程内容应该包含古典的和现代的外语文学作品。文学一直是衡量人类文明的尺度，使学生有机会通过好的作者的慧眼看到人生的可能性和规范。古今中外的文学艺术内容精深，含义博大，蕴涵着世界各个不同历史时期、不同地区、不同社会阶层的人物对生活、爱情、事业等有关人类命运共同主题的看法，体现出丰富的、高尚的思想境界。这些符号体系告诉人们过去是怎样区别真与假、美与丑、善与恶的，告诉人们人性是怎样被讨论又是怎样被肯定的，高尚而值得追求的生活是什么。学习文学艺术，可以培养学生的认知分辨能力、批判能力、领悟鉴赏能力。《哈佛通识教育红皮书》中强调，在文学课上尽可能使用经典名著，那些书籍——不论是史诗、戏剧、小说还是哲学——都曾经是人类伟大思想智慧的集成，并极大地影响了一批人，继而又影响了其他人。一个人进入大学，不管将来从事什么专业和职业，在神圣的高等学府里，首先要接受的就是人类文明精华的洗礼。没有中外文学经典的熏陶，大学生的精神成人则无法完成！

综上所述，在通识教育理念指导下，基于语言的本质特征，大学外语课程内容应由三大部分组成：语言、文化和文学。语言包括外语语言知识，如词汇、句法、语法、语音、修辞等和外语语言技能，如听、说、读、写、译等。文化包括语言交际和非语言交际方面的文化知识、交际习俗与礼仪、社会结构与人际关系、价值观念。文学包括外语诗歌、散文、小说、戏剧、影视文学、比较文学等。这三个部分的内容是相对独立但又互相联系、互相影响、互相补充的。如果只有语言方面的内容而缺少其他两项内容，那么外语就只是空空的形式外壳，学生就只是会说外语的工具；如果只有语言和交际能力（或称语用能力），那么学生充其量可以成为完美的模仿者。只有掌握了这三个方面的课程内容，学生才能通过文化和文学的学习使自己的人格主体变得更加充实、完善、深刻，更加富有创造性，成为一个“完人”。

二、内容选择的原则

虽然我们已经了解大学外语课程的内容应包括语言、文化和文学这三个方面的学习题材，但是在具体实践中这三个方面的学习题材的选择并不是可以随意进行的。我们应从通识教育的理念和语言的本质特征出发，遵循以下几个原则。

（一）系统性和基础性原则

语言是一个符号系统，因此，语法知识应是大学外语课程内容的重要组成部分。根据对外语学习者中介语的研究，学习者所掌握的外语知识形成一种连续体（continuum），从初级阶段向高级阶段发展。新的语言知识的输入，加上适当的交际实践，必然促进这一连续体向高级阶段循序渐进地发展。语言符号间的聚合和组合关系可以作为编织学习者语法知识网络的经纬线，同时也可以帮助学习者分析和记忆词义系统的相关复杂内容。

理论上，在中学阶段，学生已经接受了语法、词汇、语音这类语言知识的基础性的系统传授，进入大学后，就应该没有必要再重复学习这类内容了。但是，在我国，因为高考这根“指挥棒”，绝大多数普通高中高二就文理分流，学生将很多时间和精力都花在专业科目上，外语课上以做大量试卷、模拟题为主，语法知识的学习缺乏系统性或者学得不够扎实。现在许多大学外语老师普遍抱怨学生句子表述不完整、语病连篇、词不达意等。因此，为了在大学能进一步探究高深学问，通识教育阶段的课程内容应秉承一个重要原则即基础性，大学外语课程内容应与高中外语课程内容相联结，使语法、词汇、语音等语言知识成为一个系统，为学生打下良好的语言基础。

（二）完整性和经济性原则

大学外语课程是一个课程体系，是一个有机整体。在选择语言、文化、文学三个方面的内容时，必须保证每一方面学习题材自身系统知识的完整性。但是，完整性并非是越多越好、越全越好，而是要保证基本概念、原理和知识点在逻辑上的连贯，保证所选择的内容的内在逻辑完整性。因为语言的本质特征的多样性，语言、文化和文学这三个方面的内容不是孤立存在的，而是一种“你中有我”“我中有你”的关系，因此，如何将三者有效地整合在一起，形成有条理、有组织、有系统的知识，从而促进学生的学识能力，是决策者的一种智慧。

同样，因为语言的本质特征的多样性，在选择大学外语课程内容时，往往会出现这种情况：同一课程内容可以实现几个目标。在这样的情况下，应该避免重复选择几门课程。而另一些时候，几种课程内容都可以达到同一个目标。在这样的情况下，应尽可能选择那些课时少、负担轻、学生又有兴趣的内容来达到这一目标。这就是课程内容选择的经济性原则。

（三）交际性和实践性原则

语言是社会交际需要和实践的产物。语言在使用和交际中才有生命。人们只有在使用语言的过程中才能真正学会使用语言。因此，掌握外语的最有效的途径就是交际实践。

大学外语交际能力的培养意味着全面培养学生的外语听、说、读、写的能力。交际能力包括语言知识和交际知识两个方面。语言知识的积累可以提高交际能力，交际的实践可以巩固学到的语言知识，促进交际能力的提高。而且，语言知识的学习最终也是为运用外语交际服务的。因此，大学外语课程内容中无论语言知识还是交际文化知识，都必须保证学生的实践机会，去实现课程的技能层面的目标。

（四）情感性和满足性原则

这两项原则与学生的学习动机紧密联系在一起。情感性原则包括对学生学习外语的动机和态度加以引导，以及对学习过程中学生的其他情感因素，如性格、兴趣、情绪等方面的培养和控制。一般来说，外语学习学生的动机可分为综合型和工具型两种。持综合型动机的学生希望通过外语学习，融入外语文化，得到该外语言社团成员的认可；而持工具型动机的学生往往是为了实现一个短期的或功利的目的，如通过托福考试、获得好的工作等。研究表明，持综合型动机的学生成功的比率较高，坚持学习的动力也更大。

此外，满足性原则指的是，为达到一个目标而选择的课程内容应当使学生在实践目标的行为时有满足感。学生在学习上的满足感或成就感能够激励他们不懈努力，对于掌握知识、培养能力是极为重要的。

第三节　课程组织

斯塔克认为课程作为“学术计划”，其要素之一是顺序，即为达到特定的学习结果，对学习题材和学习体验的安排。“课程顺序”相当于我国教育学中所说的“课程内容的组织”，简称“课程组织”。它是指对选择出来的课程内容进行有效组织，使其起到相互强化的作用，从而使学生的各种学习有效地联系在一起，使学习产生累积的效应。如何将大学外语课程的语言、文化和文学三个方面的内容有效地组织起来，是整个大学外语课程开发过程中的重要一环，主要涉及两个方面：课程结构和课程类型。

一、课程结构

当把课程内容加以组织的时候，就会形成某种“结构”。课程所处的层次不同（宏观层次：学校、院系、项目或专业课程；微观层次：单门课程），所要求的课程结构也不同。本研究中，大学外语课程是 program，即一个课程项目或一个课程体系，其课程结构属于宏观层次的课程结构。在宏观层次的课程结构中，各门课程之间在“纵向”上和“横向”上形成了某种关系。“纵向结构”指的是各门课程在时间上的相互关联性；“横向结构”指的是各门课程在空间上的相互关联性。

（一）纵向结构

大学外语课程的纵向结构，指按照某些准则以先后顺序排列课程内容，尤其是语言知识类和技能类的课程内容。由于人的身心有发展阶段的序列，学科知识有逻辑演进的序列，所以，课程就有纵向组织的必要。课程的纵向组织一般遵循两个原则：连续性原则和顺序性原则。连续性原则，指的是为了达到某一个目标，课程的安排要能不断地、连续地为学生达到该目标提供机会。例如，为了达到“培养学生外语听说能力”这个目标，就必须安排一系列课程或活动，连续地为学生的这种能力的发展提供恰当的机会。如果在达到这个目标之前出现明显的间断，那么这样的纵向结构就是不合理的。而顺序性原则，是指选择的课程内容根据学科的逻辑体系和学生的身心发展阶段，由浅入深、由简至繁地组织起来。美国课程论专家塔巴（Taba）曾指出，课程内容的组织不仅要关注内容的顺序（逻辑顺序），还应关注处理内容的心理过程的顺序（心理顺序）。此外，顺序的确定还受到课程决策者的教育思想、专业背景、知识本身的复杂性等多种因素的影响。这表明了顺序性原则的复杂性。大学外语课程的连续性与顺序性的相互协调、共同作用构成了其纵向结构的“连贯性”（coherence）。

（二）横向结构

大学外语课程的横向结构，则要求打破课程（科目）之间的界限或传统的学科知识体系，打破课程与社会、课程与学生之间的壁垒，将各课程内容按水平关系组织起来，建立一定的空间关联性。首先，大学外语课程内容的语言、文化和文学三个方面虽然以不同的课程科目存在，彼此之间存在差异，这种差异有时还会演变成尖锐的对立矛盾（主要是不同专业背景的教师群体之间的利益冲突），但是不能因此否认它们之间的内在联系。而且，大学外语课程属人文学科，与其他学科知识以分门别类的形态存在，但不可否认，大学外语课程作为人文学科之一，其概念、方法、原理与部分其他学科领域的概念、方法、原理有共通之处。其次，大学外语课程内容的价值之一就是能够运用它来解决社会生活中的一些问题，促进社会的交流和发展。在当代全球化社会，不同国家、地区在政治、经济、文化等方面的交往日益频繁，为了能在激烈的国际竞争中取得优势，必须利用外语知识来解决诸多社会生产、生活方面的问题。因此，大学外语课程与社会之间有着内在关联性。再者，学生的需求、兴趣与经验对课程内容的学习效果有着重要影响。如果使学生认识到大学外语课程体系内的每一门课程与未来成为一个健全的人和合格的公民之间的关联性，往往能激发学生学习该门课程的兴趣。而且，课程内容的呈现方式、逻辑结构上要不断创新，才能激发学生的探究欲望和学习动机。

因此，大学外语课程的横向结构主要表现在三个方面：① 大学外语课程体系内各课程（科目）之间或大学外语课程与其他学科课程之间的相互关联性；② 大学外语课程与社会之间的相互关联性；③ 大学外语课程与学生之间的相互关联性。

二、课程类型

课程类型是指课程内容的实际组织方式或指设计课程的种类。目前，由于学校类型不同、层次不同，课程决策者所持的课程观不同，各学校的大学外语课程的类型也会有所不同。大学外语课程名目繁多，有的名同质异，有的名异而实同。

（一）按课程内容的三个维度分类

1. 语言类

在此，语言是指一种符号系统和一种交际工具。大学外语课程中的语言类课程包括语言知识类和语言技能类两种，前者包括语法课程、词汇课程、语音课程或语言知识综合类课程，后者包括听力课程、阅读课程、口语课程、写作课程、翻译课程或语言技能综合类课程。大学外语语言类课程往往需要遵循课程的纵向结构的连续性和顺序性原则，在时间上体现一定的关联性，如听力课程，需包括初级听力课程、中级听力课程和高级听力课程等。

2. 文化类

首先界定文化的概念。在本研究中，参照文化人类学者的视角，将文化定义为特定人群的整个生活方式，即特定人群的行为模式以及支配行为的价值观念系统。大学外语课程中的文化类课程可以包括：① 外国文化课程，如英美概况、英国历史、美国历史、希腊罗马神话、欧洲文化入门、英语文化交际习俗等。② 中国文化课程。中国文化课程的内容可以以思想史为主，也可以综合介绍历史、思想、科技、语言、民俗、艺术等；形式上可以是综合课程，也可以是专题课程。③ 文化比较课程。这类课程可以涉及文化的诸多方面，如跨文化交际学、哲学思想史比较、教育发展史比较、语言史比较、电影艺术比较、国际商业文化比较，等等。

3. 文学类

《辞海》将文学定义为社会意识形态之一。中外古代都曾把一切用文字书写的书籍文献统称为文学，现代专指用语言塑造形象以反映社会生活、表达作者思想感情的艺术，故又称'语言艺术'。文学通过作家的想象活动把经过选择的生活经验体现在一定的语言结构之中，以表达人对自己生存方式的某种发现和体验，因此它是一种艺术创造，而非机械地复制现实。大学外语课程的文学类课程按照体裁来分，有诗歌、散文、小说、戏剧、影视作品阅读与欣赏等；按照年代来分，有英国文学史选读、美国文学史选读、20 世纪英美文学精选等；按照地域来分，有英国文学、美国文学、澳大利亚文学、加拿大文学、新西兰文学等；按照文学流派来分，有浪漫主义文学选读、古典主义文学选读等；或者是专题课程，如莎士比亚的喜剧选读、简·奥斯丁的小说选读等。

（二）按课程横向结构的整合分类

大学外语课程的横向结构的整合（integration），是指在尊重差异的前提下，找出大学外语课程体系内各课程之间或大学外语课程与其他学科课程之间、大学外语课程与社会之间、大学外语课程与学生之间的内在联系，然后统合为一个有机整体。课程的整合并非以牺牲不同课程要素之间的差异为代价，而是在承认并尊重彼此之间的差异的前提下进行整合，只有这样的整合才能产生课程的合力。

首先，大学外语课程体系内各课程（科目）之间的整合。这种整合方式是以全面的眼光看待语言的本质特征，而不是片面地、狭隘地强调语言的某一种本质特征。例如，如果课程决策者持有的是"语言是一种重要的交际工具"的语言观，大学外语课程体系将会以语言技能类课程为主，包含不同阶段的听力课程、口语课程、阅读课程、写作课程等。这种课程分类方式很容易使学生成为被动的语言训练的工具。如果课程决策者将语言看作"交际工具"、"符号系统"及"思维的工具和文化的载体"的统一体，就会设计出多样的大学外语综合课程。

例如,以"文化冲突"为主线,选择反映这一主题的不同体裁的文学文本,设计成听、说、读、写技能练习形式的学习单元,并注意在语言技能方面先听读后说写的,即先学接受信息再学产出信息进而交流信息。再例如,以提高学生的口头表达能力为目标的大学外语课程,可以以"美国社会的价值观念"为主题,要求学生完成讨论、演讲、发言、辩论等各种任务。在大学外语课程体系内整合不同课程,主要是根据学生的需求、兴趣和经验,消除语言、文化、文学彼此孤立的局面,相互融合,使学生的学习产生最大限度的累积效应。

第二,大学外语课程与其他学科课程之间的整合。20 世纪 90 年代以来,追求大学课程的完整性是不同国家和地区的大学课程思想发展的显著特征,也是大学通识课程改革的重要目标。大学课程的完整性是指大学课程应是一个完备的课程体系,各门课程之间应构成一个相互关联的统一的知识体系,保持课程体系中各个知识系统之间的本质联系,使本科教育内容尽可能系统、连贯并形成一个整体。根据这一原则,例如,对某一英语为母语的国家或地区文化的研究和学习,可以从历史学、经济学、政治学、教育学等不同学科视角,综合利用来自这一国家或地区的英语原版资料进行分析和探讨。这种课程整合类型要求来自不同学科领域的教师互相合作、共同参与,形成一个学术共同体。大学外语教师在此类课程中的贡献主要在于帮助学生解决语言知识和技能方面的问题,并协助学生了解该国家或地区的文化传统与习俗,引导他们阅读反映该国家或地区的人们的价值观念或精神文化财富的经典文学作品,在这一过程中,帮助学生把握大学外语与其他学科之间的相互关系。

第三,大学外语课程与社会之间的整合。这种整合目前主要采用海外短期留学的形式。海内外一些有条件的大学,如有交换生项目、海外分校、海外实习项目,给学生提供海外 3～6 个月的短期留学机会。学生可以沉浸于目的语的本土情境进行语言学习,同时可以做文化比较研究和田野研究,更好地促进跨文化能力的发展。例如,美国杜克大学在每年春季联合海外(主要是非西方国家)的姊妹院校开设为期 13 周的海外学期项目。虽然该项目的课程重点是在两个不同国家比较研究同一个全球性议题,但是学生在海外通过参加研讨会、文化活动和合作性的学术活动与当地的学生、居民密切接触,了解当地的历史、政治、文化等,在这一过程中,学生学会调和文化差异、理解和尊重多元文化,提升其跨文化交际能力和学识能力。

第四,大学外语课程与学生之间的整合。首先,大学外语课程内容的难度要适当,过深或过浅都会妨碍学生的学习兴趣。其次,课程内容的组织和整合要多创设“问题情境”、“任务情境”或“学习/研究项目情境”，这样不仅能使学生产生积极的思维活动，而且能激发他们的学习兴趣和学习潜能。再者，大学外语课程在人文学科中具有实践性和表演性的突出优势，应坚持通识教育“以人为本”的理念，强调并培养学生的主体意识，课程内容的安排上要体现学生的参与，如角色表演、电影片段配音、外语独幕话剧等，新颖有趣，变化多样，从而促使学生产生更高水平的求知欲。

（三）按课程的修习制度分类

大学外语课程的修习制度是指将课程分成必修和选修两大类，通过二者的种种组合形成大学外语课程的顺序系统。所谓必修课程，是指所有学生必须修习的课程，是为保证所有学生的基本知识、技能和态度而开发的课程。所谓选修课程，是指依据不同学生的特点和发展方向，允许个人选择的课程，是为了满足学生的个性差异而开发的课程。选修课程又可以分为限制性选修和自由选修两种。限制性选修介于必修和自由选修之间，指学校或者各个院系对学生修习的课程进行某种程度的限制，一般是在某几门课程或者某一个领域中要求学生至少选择其中的几门课程的修习形式。

决策者按照修习制度对大学外语课程进行分类时，应该协调好必修课程和选修课程二者之间的关系。一方面，从课程价值观看，大学外语的必修课程与选修课程之间的关系可以归结到“普适性发展”与“个性化发展”的关系层面。“普适性发展”是指为了培养“完人”——一个健全的人和合格的公民，大学外语课程提供给学生掌握共同的知识、技能和态度的机会。而“个性化发展”是指大学外语课程提供适合于个人水平和特点、满足个人需求和兴趣的机会。“普适性发展”只有在适应每个学生的个性差异的时候，才不至于导致“划一主义”，而“个性化发展”也只有建立在“普适性公平”的基础上，保证每个人接受通识教育后应具备的知识、能力和态度，才不至于根据学生的自然能力的差异提供课程内容上有本质差别的、分轨式的教育。因此，大学外语必修课程与选修课程在根本的教育价值观上具有内在的一致性和统一性。另一方面，大学外语的必修课程与选修课程之间是等价关系，而非主次关系。选修课程不是必修课程的附庸与陪衬，它是一个具有相对独立性的课程领域，因此我们不能在必修课程与选修课程之间进行优劣、高低之分。

第四节 课程实施

课程决策者在确立了目标、内容和顺序要素之后,仅仅是开发了一种"预期的学术计划",也即人们心目中想要达到的预期结果,还未得到实践的检验。"预期的学术计划"的检验必须要通过具体的教学过程,教学过程是课程实施的核心环节和基本途径。本书重点关注大学外语课程实施中的教学过程。

教学过程极其纷繁复杂,它具有丰富的内容,也有很大的动态性。但是,各种具体形式的教学过程都是教师和学生协同活动的过程,是学生在教师的指导下,依据课程计划的要求,积极主动地掌握系统的文化科学知识和基本技能,发展身体素质、心理素质和社会文化素质,并形成一定思想品德和心理品质的过程。在这个协同过程中,教师、学生、教学内容构成了教学过程的三个要素。在不同的教学理念影响和支配下,这三个要素通过相互作用,产生不同的教学过程。

一、教学理念

从 20 世纪 80 年代开始,人们开始将外语教学研究的重点从如何教转向如何学,"以学生为中心"的教学理念开始进入外语教学课堂,对学习者和学习过程的研究开始形成气候。在这一过程中,认知心理学派的一个重要理论成果——建构主义(constructivism)理论对我们重新认识"什么是外语学习"和"如何进行外语学习"起到巨大的革新作用。

建构主义者认为,学习者的知识是在一定的情境下,借助他人(包括教师和学习同伴)的帮助,如协作、交流、利用必要的学习材料等,通过意义的建构而获得的。因此,理想的学习环境包括情境、协作、交流和意义建构四个要素。建构主义教学论的核心观点是:第一,学习不是由教师将知识简单地传递给学生,也不是学生被动地接受信息刺激,而是由学生根据已有的认知结构,对外部信息进行主动的选择、加工和处理,从而建构新的意义的过程;第二,教师必须创设有利于学生建构意义的情境,在这种情境中,学生主要通过师生之间、生生之间的交流与协作完成规定的学习任务,达到意义建构的目标;第三,意义具有主观性,学生个人世界(如学习动机、兴趣、风格、能力、情感等)的差异导致对相同事物意义建构的多样化;第四,学生是教学活动的积极参与者与知识的积极建构者,而教师是学生建构知识的积极帮助者和引导者。总而言之,建构主义教学论充分肯定了学生的主体性、与认识对象的互动、学生个体差异的重要性，将学生个人在学习过程中的作用提高到了前所未有的高度。

事实上，建构主义者追求的是这样的一种“学习”：基于体验与活动的、关注学习者内在的兴趣爱好的学习，以及以关注学习者的整体的成长与发展为轴心的每一个学习者的学习。这一理念与通识教育的培养“完人”、全面发展的人的理念是不谋而合的。对外语教学而言，学习不再仅仅是被动地熟记语言知识和训练语言技能，而是学生对语言知识、语言技能和对目的语文化等多方面意义的主动建构，通过外语学习过程发展自主学习能力、终身学习意识和对不同事物以及不同文化的批判的思考能力，逐步形成个人的基本价值观。

此外，语言的本质特征之一，即人类最重要的交际工具，决定了语言只有在交际和使用中才有生命，人们在使用语言的过程中才能真正学会使用语言。因此，外语课程的实践性、表演性、功用性等特征必然要求教学过程中学生的参与和体验，强调“做中学”的教学理念。“做中学”的教学理念源自美国教育家杜威(Dewey)的实用主义(pragmatism)教育思想。杜威从批判传统的“教师为中心，教师讲、学生听”为特点的教学模式出发，提出了“学生为中心，从做中学”这一教学原则，即“从活动中学”“从经验中学”。杜威认为，在传统学校的教室里，一切都是有利于“静听”的，学生很少有活动的机会和地方，这样必然会阻碍学生的自然发展。因此，在学校里，教学过程应该就是“做”的过程，教学应该从学生现在的生活经验出发，学生应该从自身的活动和体验中进行学习。

除了“做中学”的教学理念外，实用主义对外语教学产生深刻影响的主要观点还包括：第一，所有的知识都是相互关联的，语言艺术、社会科学和其他领域之间都可以找到联系，这样通过跨学科的方法使学生理解事情是怎样联系起来的。第二，真实生活情景能够激发学生在实践背景中解决问题的能力。第三，提倡满足学生的需要和兴趣，教师扮演的是帮助学生成长的角色，引领他们向一个新的知识领域前进，以使他们的理解、技能和能力变得更加深刻、更加熟练和更加复杂。第四，强调广博的教育，而不是科目分化的教育。

二、教学模式

关注教学过程首先要考虑教学模式。大学外语教师在开始教学之前，应对大学外语课程作为一个项目/体系的课程总体目标和内容有全面的了解，并且知道自己所任教的单门课程在整个课程项目/体系中的地位和作用。然后，教师主要做两项工作：第一，要根据大学外语课程总目标、内容和组织，制定自己所教的单门课程的教学大纲，并拟定每个部分、每个单元甚至每节课的教学目标。这是通识教育课程目标的第二次转换，即通识教育课程目标—大学外语课程目标—单门外语课程的教学目标。教学目标的确立和表述在性质上与课程目标相同，只是内容上更加具体详细。同时，教师还要为这些目标的评价选择方案，以便清楚地了解课程实施的结果是否达到了预期的目标。第二，教师应根据这些教学目标、课程内容的性质及教学环境与资源（如教室、设备、教具等）选择适当的教学活动、教学组织形式和教学方法。而教师对教学活动性质和教学组织形式的不同选择，会产生不同的教学模式。

何克抗提出，教学模式是在一定的教育思想、教学理论和学习理论指导下的，在某种环境中展开的教学过程的稳定结构形式。钟志贤以教学活动性质（接受—研究）和教学组织形式（个体—群体）作为分析教学模式类型的两个基本变量，通过基本变量的取值界定和相互组合，构成一个教学模式的分类框架（图 3-2）。该分类框架对我们了解大学外语教学模式具有启示作用。钟志贤根据这一分类框架，从四个方面阐释了教学模式：

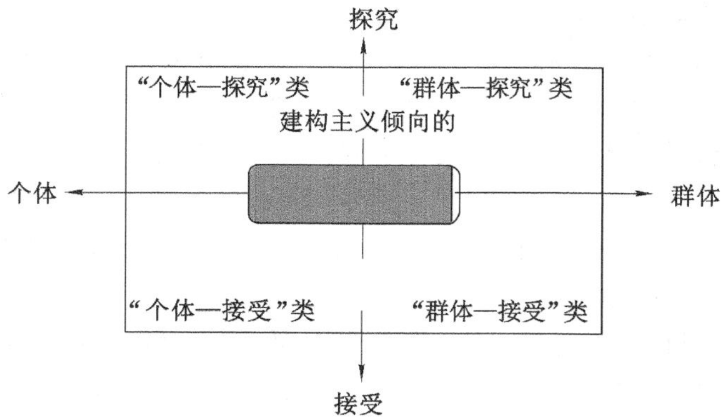

图 3-2　教学模式的分类框架

资料来源：钟志贤．面向知识时代的教学设计框架——促进学习者发展[M]．北京：中国社会科学出版社，2006：35．

第一，总体上看，教学模式可以分为"个体—接受""群体—接受""个体—探究""群体—探究"四大类型。"个体—接受"和"群体—接受"的模式类型其理论倾向是客观主义的，而"个体—探究"和"群体—探究"其理论倾向是建构主义的。它们之间在目标、条件、程序和评价等实施方面存在差异，但并不是截然对立的，而是表现为一种连续性。目前已有的和未来可能出现的模式，都不外乎这四大类型的典型表现或者组合变化。

第二，这种分类方式有利于从整体上把握各种教学模式的特点和功能，便于对各种模式展开单个深入或横向交叉的研究，也为教师或学生诊断、改善自己的教学模式提供了一种参照。

第三，客观地说，每种教学模式类型都有相应的价值和适用范围。客观主义倾向的模式类型能产生较高的学习效率，对于低阶能力（表层性的知识理解和记忆、简单的问题解决）的培养和知识继承比较有效；而建构主义倾向的模式类型能产生较好的教学效果，对于高阶能力（深层理解、高级思维、实际问题解决）的发展和知识创新比较有效。因此，整体课程体系的教学成功，依赖于各种模式类型综合地发挥作用。

第四，针对我国当前的教学现状，应以提倡建立建构主义倾向的教学模式为主，对客观主义倾向的教学模式形成一种制衡。建构主义倾向的教学模式是以学生发展为中心的、资源丰富的学习环境，它有助于学生与技术之间形成智能伙伴关系，利用充裕的学习资源或工具，促进学生高阶能力的提高。

关于大学英语教学模式，《大学英语课程教学要求》（2007）提出，各高等学校应充分利用现代信息技术，采用基于计算机和课堂的英语教学模式，改进以教师讲授为主的单一教学模式。新的教学模式应以现代信息技术，特别是网络技术为支撑，使英语的教与学可以在一定程度上不受时间和地点的限制，朝着个性化和自主学习的方向发展。在充分利用现代信息技术的同时，要合理继承传统教学模式中的优秀部分，发挥传统课堂教学的优势。也就是说，我国大学英语教学模式应是基于课堂的客观主义倾向和基于计算机的建构主义倾向的教学模式相结合，两类教学模式在处理不同教学内容、采用不同教学方式方面各有优势，对实现大学外语多层面的课程目标能够发挥不同作用，绝不是一种完全取代另一种的关系。

目前多数高校的大学英语教学仍是基于课堂的教师讲授为主的传统教学模式，以教师为中心，强调教师和书本的权威性，实行满堂灌、填鸭式的教学方式，忽视了学生的主观能动性，束缚了学生批判性思维、系统性思维等高阶思维能力的发展，阻碍了学生创新能力、解决问题能力和知识建构能力的培养。因此，大学外语改革提倡以网络技术为支撑的信息化教育，实现“教材媒体化、资源全球化、教学个性化、学习自主化、活动合作化、管理自动化、环境虚拟化、系统开放化”。这种基于计算机的外语教学模式，实现了信息技术和建构主义学习理论的完美结合。信息技术为学生创造的真实性“情境”，以学生为中心，教师起组织者、指导者、促进者的作用，利用情境、会话、协作等学习环境要素充分发挥学生的主动性、积极性和创新精神，最终使学生有效地实现对当前所学知识的意义建构的目的。

我国大学英语教学模式的改变不仅是教学方法和教学手段的变化，而且是教育理念的转变，是实现从以教师为中心、单纯传授语言知识和技能的教学思想 和实践，向以学生为中心、既传授语言知识与技能，更注重培养语言实际应用能力和自主学习能力的教学思想和实践的转变，也是向以培养学生终身学习能力为导向的终身教育的转变。这明确表明，目前大学外语教学模式强调学生在教学过程中的主体地位，目标指向建构主义倾向的教学模式，这种“以学生为中心”的教育理念与通识教育“以人为本”的教育理念高度一致。

三、教学方法

在教学过程中，教师、学生必须采用一系列的教学手段才能使教授活动、学习活动得以进行。无论教师、学生选择什么样的教学活动和教学组织形式，完成什么样的教学任务，都必然会用到教学方法。教学方法是指在教学过程中，教师和学生为实现教学目的、完成教学任务而采取的教与学相互作用的活动方式的总称，它既包括教师的教法，也包括学生的学法，是教授方法与学习方法的有效组合。它不是教法与学法的简单叠加，而是在一定的教学理念指导下，内含学习过程、教学过程和评价/反思过程等彼此间密切联系的综合过程。

虽然自从有了外语教学活动以来，关于教学方法的讨论与研究就一直是外语教育领域的热门话题，但是现在“教学有法，但无定法，贵在得法”已成为外语教育工作者们的共识。方法本身是中性的，它们的优缺点也是客观的，关键是由具体的教学过程中的适宜理念与特定模式来恰切引领，选用、组合不同的方法。

大学英语的课堂教学是大学英语教学作为一个系统工程的亚系统，是工程的重要组成部分。大学英语教学的特点主要是通过课堂教学反映出来的。课堂教学是一个过程，由各种教学活动组成。这些教学活动包括两个方面：一是教师在课堂教学过程中为了完成教学任务而进行的活动或采取的方法，二是学生在教师指导下所进行的活动或采取的方法。大学外语课程目标的多层次性和教学内容的多组成性，决定了多样性是大学外语课堂教学的特点之一。目前，我国大学外语课堂教学常用以下几种方法：

（一）讲授法

讲授法是教师通过口头传授的方式向学生系统连贯地传授知识、思想观点和发展学生思维能力的方法，包括讲解、讲评、讲述等方式。这是最典型、最传统、使用范围最广泛的教学方法。其优点在于：可在短时间内向大批的学生传授大量内容；教师有充分的主动权，易于控制传递的内容和知识的衔接顺序。但是缺点也很明显：单向的“传递—接收”形式下，学生没有机会积极参与，往往是被动地学习，其主体作用、能动性的发挥受到限制；很少考虑学生的个体需求。

（二）问答法

问答法是教师根据学生已有的知识和经验，提问学生，并引导学生经过思考，对所提问题自己得出结论，从而获得知识、发展智力的教学方法，包括启发性问答、复习性问答、总结性问答和讨论性问答四种类型。与讲授法相比，问答法的优越性首先在于其双向性交流的特点，学生和教师之间有充分的沟通；其次，它便于激发学生的思维活动，培养学生独立思考和表达的能力。但是问答法要求教师做好充分的课前准备，明确要提出的问题以及提问的方式和技巧；教师要善于启发诱导，在每个问题回答完毕后做出总结。

（三）小组讨论法

小组讨论法是将学生分成若干小组，学生在教师指导下就某一专题内容进行相互交流、相互启发、相互学习的教学方法。小组讨论法的优点在于：为学生提供了开展合作、交换意见、分享观点的机会，同时有助于一些实际问题的解决；能使每个学生平等参与，激发学生的学习兴趣，培养合作精神；学生通过讨论、争辩、协商，掌握的知识更深刻、准确，思考问题和语言表达的能力更敏捷。但同时它也有一定的局限性：各个小组的讨论进程很难预测，对教师掌控局面的能力要求很高；若不善组织，小组讨论可能会演变成漫无边际的争论或混淆、忽略要点；若教师在讨论结束时不做总结，学生从同学的发言中获得的知识一般比较零碎，缺乏系统性，甚至一些发言还有错误。

（四）阅读法

阅读法是指教师指导学生阅读包含学习内容和信息的各种媒介资料，如教科书、参考书、纸质或网络的出版物，以扩充学生的知识面，培养学生自学能力的一种教学方法。阅读法可用于预习、课堂阅读、复习和课外阅读。高效的阅读法的特点在于：所选用的资料难度适当，适合学生的阅读水平；所选用的资料与主题紧密相关，能从不同视角激发学生思考；教师提出明确的目标、要求和思考题，对阅读方法进行适当辅导，并且和学生及时交流阅读体会。

（五）练习法

练习法是指要求学生完成与教学主题相关的书面或电子形式的作业，它能为学生提供强化已获得的知识与技能、实践新知识与新技能的机会。一方面，它有助于学生反复操练新技能，深刻地掌握学习内容；练习结果作为反馈信息，有助于教师了解学生的学习情况和能力。另一方面，练习的数量与难度若掌控不当，很容易让学生产生厌烦或抵触心理，影响其学习动机和兴趣。有效的练习法强调：学生明确练习的目的和要求，正确使用完成练习的方法；练习难度适当，既能帮助学生巩固已学知识和技能，又有一定的挑战性；练习结束后，学生能发现自身的问题。

（六）演示法

演示法即教师展示图画、照片、幻灯片、电影或电视片段等直观教具或实物，学生通过观察获取对事物和现象的感性认识。该方法不仅能够理论联系实际，为学生掌握新知识提供丰富的感性材料，而且能激发学生的学习兴趣和热情，提高学习的效果。教师在演示过程中，要配以讲解，引导学生去观察、发现演示对象的主要特征和重要方面，要指导学生将所观察到的现象与书本知识联系起来以加深印象。

（七）研究法

研究法又称发现法、探索法，指教师引导学生通过独立的学习和探究活动而掌握知识和方法，培养其自主学习能力，形成探究意识和探究精神的教学方法。在运用研究法时，教师确立有价值的命题或论题，鼓励学生从多角度提出研究问题，广泛地收集资料、分析资料，然后提出自己的论点，并给出充分的论证。例如，在大学外语教学中，教师要求学生针对一个社会现象或者一个有争议的话题进行思考，并通过查阅大量文献资料，或者亲自调查、访谈等，提出自己的观点并论证。学生可以通过个人演讲、小组的研究报告、小论文等多种形式呈现自己的研究发现。再例如，关于教学内容中涉及的外语国家文化现象或习俗，教师创设一定的“再发现”的问题情境和学习内容，即该现象或习俗背后的历史渊源、价值观念以及文化差异等，引导学生积极开展独立的探索、研究活动，如查阅不同来源的媒体资料，大胆地去假设并验证，最后可以利用新颖、有趣的方式表达自己的见解，如角色表演、辩论等。

研究法对于发挥学生主体性和独立性，激发其学习兴趣，培养其分析问题、解决问题的能力，形成批判性思维和勇于探索的创新精神有较大的优越性。但是不可否认的是，它对教师的专业素养、学生的知识储备和思维水平、教学环境有着较高的要求。

第四章 创新高等外语教育的跨文化选择

学界从不同视角对创新外语教育给予不同的阐释和论析，提出了很多建设性的意见。通过文献梳理可以看出，从跨文化交际的视角创新外语教育并没有引起学界的重视，很多研究成果也仅限于简要概述。而实际上，创新高等外语教育恰恰是一种跨文化选择，是深化跨文化意识的领悟。

第一节 深化跨文化意识的领悟

跨文化意识要求人们认识到自己具有文化属性，也要基于同样的认识去探寻其他文化的突出特征。跨文化交际是指在语言和文化背景方面有差异的人们之间的一种交际行为。在培养学生的跨文化意识时，首先要平等地看待不同的文化要素，不要对本民族文化产生交际优越感，更不要形成民族中心主义。所谓民族中心主义，就是按照本民族文化的观念和标准去理解和衡量他族文化中的一切。其次，不能对异民族和文化存有刻板印象，也就是心理定式。心理定式使人们不能客观地观察另一种文化，失去对异文化应有的敏感性，只注重与刻板印象相吻合的社会现象，而忽视个别现象。这一点与我们对事物的认识有关，但如果不规避这方面的跨文化意识，将直接妨碍我们与不同文化背景的人们相处，更不利于开展跨文化交际。因此，提升跨文化意识其实也是让学生积极与世界接轨，不仅要具有全球视野，更要有意识地使自己成为不带有任何民族主义倾向、规避各种刻板印象和偏见的世界公民。

一、跨文化意识和文化敏感性

跨文化意识是指对影响人们行为和观念的自身文化和其他文化的理解，包括对人类行为的表现和文化模式差异的理解。如前所述，跨文化教学中的“文化”的概念从大写字母“C”文化扩展为小写字母“c”文化，文化教学的目标也由单纯传达目的文化的信息转变为培养学习者的跨文化交际能力。跨文化意识不仅仅是外在的知识，更是一种内在的能力和素质，是对文化现象、模式、特征以及异域文化差异的洞察和理解，因而有的学者又把“跨文化意识”称为文化的敏感性或洞察力。具备跨文化意识就是能够认识到每个人都是文化的产物，人的行为和观念都受到自身文化的制约，而语言和行为还受到种种社会可变因素的影响。许多语言文化教育专家在阐述语言文化教学目标时，都把培养跨文化意识看作文化教学的首要目标。英国学者拜拉姆(Byram)曾经指出：“文化意识的教育应该涉及两种观点，使学生同时成为研究者和被研究者，让他们通过比较获得一种视野。在从两个角度进行的比较过程中，学生获得了跨文化能力。”他强调了培养文化意识的重要性，强调了获得一种新的文化视野是新的文化教学目标的核心内容，其结果是学习者文化观念的转变。他认为外语学习和直接的文化交流不能自动导致文化理解，没有对文化进行研究分析和解释，学生也就没有进入目的文化的框架来思考和理解目的文化，他们增加的只是一些文化信息，而依然以自己固有的文化观念为标准去衡量目的文化。对此，我们应采取新的教学策略研究目的文化，把培养跨文化意识作为跨文化教学的核心目标，在实践过程中，根据不同的教学阶段和教学内容，有目的、有系统和有效率地实施语言与文化相融合的教学模式；让学生通过词汇、语法、句型、篇章的学习以及听说、阅读、文学、翻译、写作等课程感受和领悟不同的文化现象和文化内涵，细致地体会语言的表层和内涵之间的微妙关系；学习理性地把握外语的语法规则和文化规则，形成自觉的跨文化意识。通过实际的交流活动，让语法规则和文化规则内化为学习者的言语活动机制，从自觉的跨文化意识发展到不自觉的(下意识的、自动化的)文化敏感性。

二、深化跨文化意识必要性

随着全球经济、技术、信息一体化的发展，人类文化之间的相互的跨文化交往更加广泛和深入，任何一种文化都不可避免地在任何层面以日益快速、广泛、深层之势，与或此或彼的外来文化相接触。在当代社会生活中，可以说人们无时无刻不在接触外国文化，比如看电视里的外国新闻、文体活动，看外国电影，吃麦当劳、肯德基，喝可口可乐，上互联网等等，人们都在接触外来文化。因此，可以说人类已经走向了一个跨文化的时代，任何一个人类群体不能不面对千姿百态的外来文化。于是，人们开始谈论人类文化的全面融合，似乎人类正在走向文化一体化的时代。

目前，我们的外语教学在很大程度上仍然是围绕着语言知识进行教学。在外语课堂上，教师们授课的主要环节仍然是词汇的分析、句型的操练、语法的讲解和课文的翻译，而较少关注语言以外的文化因素。学生们记住了太多的单词、巩固了太多的语法，通过了大学外语四六级考试，但是，他们在真实的语言交际环境下会经常犯语用错误，不能较好地应付生活中的日常外语交际。由此，我们认为，外语教学中只传授语言知识是不够的，语言教学必须和文化教学相结合，以此来帮助学生排除文化障碍，提高学生对文化差异的敏感性，从而提高学生的跨文化交际能力。

三、培养跨文化交际意识及能力的重要性

在尊重不同文化的基础上，认识并理解文化间的差异，自觉地在不同文化之间建立积极的交流。跨文化交际意识的知识背景和文化结构，直接影响跨文化交际能否顺利进行和开展。在交际过程中，处在不同文化背景下的人们由于思维习惯不同、行为准则不同、价值观念不同、生活习惯不同、风俗民情不同，常常会因此引起文化冲突，形成交际障碍，直接影响信息准确传递，从而造成交际的失败。为了避免这些情况的产生，跨文化交际的参与者首先要树立跨文化交际意识，树立容异意识，具有兼容并包的胸怀，在提高自身的跨文化交际能力的基础上进行顺畅的交际。

在这个经济和科技飞速发展的时代，经济、技术、旅游、人口迁移以及人口密度使大家越来越多地与不同文化背景的人交往，跨文化交际是国际交流与合作的必然要求，是全球经济发展的根本需要。但并非只要学好外语，具备了听说读写四种基本能力，就可以成功地进行跨文化交际，文化的差异性可能会导致跨文化交际失败。为了成功实现跨文化交际，就必须在实际的交际活动中考虑文化的差异性。地道而得体地运用语言，不但与正确地使用语言同等重要，而且是跨文化交际能力的一个组成部分。所以说，外语学习中对目的语文化了解掌握得越充分，越有利于外语学习者培养和提高跨文化交际意识和能力。在跨文化交际中，交际双方只有把彼此双方的文化差异考虑进去，做到求同存异，才会避免出现交流障碍和文化冲突。

四、外语教学中如何培养跨文化交际意识和能力

（一）授课教师要转变观念

在我国目前的教学体系中，外语教学多半只在课堂上进行，教师起着绝对

的主导作用。如果教师只把重点放在语法和词汇教学上，学生就不可能掌握语言的实际运用能力，也无法获得跨文化交际能力。因此，授课教师必须要转变自己的观念，切实认识到文化冲突的现实存在以及培养学生跨文化交际意识和能力的重要性。同时，外语教师还要加强学习，提高自身的综合文化素质，全面把握外语文化知识教育的量和度以及教学的具体方法与步骤，只有这样，才能达到预期的教学目的。外语教师在教学中要加强文化差异的对比和比较，将不同文化在各个方面的差异自觉、自然地渗透到教学中去。

（二）改进现有的教学方法

一直以来，大学外语教学的侧重点都放在了语言基础知识的传授上，而忽略了跨文化交际意识和能力的培养。为了改变这种状况，必须改进教学方法，在质和量两个方面对课堂教学中的文化教学加以控制，并充分利用现代化的教学手段来调动学生的学习积极性。此外，还可举办一些专题讲座，以满足学生的求知欲望，培养具有较高跨文化交际能力的人才。但值得注意的是，在改进教学方法时，一定要使新的内容与学生所学的语言知识紧密联系，并与语言交际实践紧密结合。在课堂教学中，教师和学校可从多个方面来构建一种合理的跨文化教学体系。充分利用课堂教学形式的多样性和灵活性培养学生的跨文化意识和能力，加强对文化背景知识的介绍，让学生在学习语言的同时从多角度了解其文化。教师自身必须有较强的文化意识，应努力提高自身文化水平，不断充实、改进教学内容；根据所讲内容适当扩充、渗透文化知识，尽可能地创设语境，做到语言与文化的和谐统一。引导学生多阅读、多接触西方文化，并帮助学生“在用中学，在学中用”，通过学用结合，加深对文化的理解，从而提高跨文化交际能力。

（三）重视非语言交际能力的培养

非语言交际也是一种重要的交际方式，指的是在特定的情境或语境中使用非语言行为交流和理解信息的过程。它们不是真正的语言单位，但在生活和交际中有时候却能表达出比语言更强烈的含义，一些特定的非语言行为往往代表着特定的含义，在跨文化交际中必须加以重视。不同文化背景下的非语言文化内涵差异很大。例如，中国人信奉“沉默是金”，认为沉默里含有丰富的信息，甚至认为“此时无声胜有声”；西方人交谈时，听者一般都会长时间注视对方的眼睛，以表示听者的认真和对说话者的尊重，但是在中国人看来，这是一种不礼貌的行为，因为中国人不习惯于对方长时间盯着自己看。

（四）引导学生广泛接触西方文化材料

利用多种渠道、多种手段了解、吸收和体验西方文化。教师可以收集一些外语国家的物品和图片，让学生了解外国艺术、历史和风土人情；运用外语电影、电视、幻灯片、录像等资料给学生直观的感受；向学生推荐一些体现外国文化的简易读本，以增加对外语文化的了解；邀请中外教育专家做一些中外文化差异方面的专题报告；组织外语角、外语晚会来培养跨文化交际能力。教师还要引导学生利用课外时间广泛阅读外语文学作品、报纸杂志和时事评论等材料，从中吸取文化知识，增强文化素养，拓宽文化视野，从而提高跨文化交际能力。

（五）利用多媒体资源，丰富课堂

在这个网络化的时代，我们每个人都是地球村的公民，教师可以利用丰富的网络资源，组织学生观看以文化冲突为主题的电影和教学短片。学生可以小组为单位观看，并对观看内容进行讨论，从而总结出跨文化交际中需要注意的事项。语言和文化是相互融合、密不可分的。只学习一组语言符号并不是我们学习外语的目的，我们只有努力地去了解语言符号背后的文化内涵，才能够在交际中做到游刃有余。

由此可见，外语教育本身就是一种跨文化交际，行之有效的组织外语教学活动是领悟与深化跨文化意识正迁移的过程。首先，教师自身要具有强烈的跨文化意识；其次，教师要有策略的培养学生的跨文化意识，即在跨文化交际的过程中，教会学生不局限于单一的文化模式，充分认识到文化的多元性、复杂性；最后，要教会学生站在国际舞台的高度，从具体语境中判断和识别对方文化模式，容忍、尊重和理解文化的差异。

五、减少、消除跨文化交际中非语言交际障碍的原则

在跨文化交往中，不同的语境和交往的规范所造成的行为差异常会导致冲突的产生。在跨文化非语言交际的研究中，最具实际意义的便是解决由于文化差异引起的非语言交际的障碍与冲突的发生。文化及多数非语言交际行为、规则都是长期的历史和文化积淀而成的，为某一社会群体所接纳的约定俗成的交际方式。解决由于文化差异、交际规则不同而产生的误解冲突可以采取以下原则：

（一）入乡随俗原则

该原则是指在跨文化交际中，交际双方要根据目的语文化特点、民族习惯

及宗教信仰采取相应的交际方式，充分尊重理解目的语的民族文化，排除自己固有的文化模式的干扰。在这一原则指导下，交际者首先要了解学习对方的非语言交际特点、民族习惯、宗教信仰及非语言交际行为手段的含义和特点，了解对方的文化与自己的文化在非语言交际行为、手段方面的差异与冲突所在，并能因时因地在可行情况下改变自己的母语文化非语言交际方式，在不损伤本民族文化情感的前提下，突破本民族固有的文化模式，恰当得体地运用目的语文化非语言交际方法进行交际。这种适度得体的改变会使跨文化交际和谐顺利地完成。

但在应用这一原则时，要注意两点。一是切忌文化自卑感。盲目崇拜和模仿外民族文化的一切非语言行为和手段，任意贬低摒弃本民族文化的非语言行为和手段，这不仅降低民族文化价值，同时还有辱民族气节。二是切忌文化模式化。文化模式实际是设计好的模式，带着固有的先入为主的态度去套用任何一种语境文化形态的交际方式。其实，非语言交际规则模式会随着时间、场合、内容不同而有所改变，如果用僵化的模式进行交际必然会导致事倍功半。

（二）求同存异原则

该原则是指通过比较分析发现不同文化间的相同与相异之处，总结规律，主动排除文化干扰，防止文化冲突，创造出交际双方共同接受的交际环境的方法。交际双方应努力回避可能会引起障碍或冲突的不同的非语言交际原则，从有利于交际目的角度出发，利用相互认可的方式进行交际。在实施这一原则时，要防止交际双方产生和表现不良的文化优越感和文化偏见。文化优越感就是以自己的认识方法和价值观念去分析和评价其他文化的内涵、价值及交际习惯，以自己的文化为中心，将自己的非语言交际行为和手段凌驾于其他文化的非语言交际之上。文化偏见的实质是在文化优越感基础上对其他文化带着成见、恐惧或排斥的态度而采取的藐视和歧视的行为。带着文化优越感或文化偏见的态度进行非语言交际的结果必然是使自己陷入孤立封闭的状态。因此，在交际时应有效地利用求同存异原则，排除非语言文化模式和偏见的干扰，运用客观公正、相互尊重、相互理解、平等交际原则进行文化交往，这样才能成功地进行跨文化交际。

第二节 关注影响跨文化语言交际能力的内外因素

语言是开展交际活动的重要因素之一。人类通过语言来认识和理解外部世界，比如我们用语言来思考问题、与人交际、构筑文明、传承文化。可以说，语言作为人类交流思想的工具，在跨文化交际中起着举足轻重的作用。要想与目的语国家的人群进行有效交际，掌握目的语国家的语言就成为一种必须。对于二语习得者来说，不能指望其跨文化交际像用母语一样流利。因为首先，双方文化不同；其次，词汇、语法、发音不同，这导致交际障碍仍然会在各个层面产生。因此，创新外语教育的发展要密切关注影响跨文化语言交际的内外因素。

一、影响跨文化语言交际的内部因素

跨文化语言交际的主体是“人”。来自不同文化背景的交际者之间进行的语言交际，必然会受到来自“人”本身的各种心理因素的影响和制约。二语习得的过程本身就是一种跨文化语言交际的过程。作为二语习得者个体的学习动机、非智力因素等方面对跨文化语言交际的影响是创新外语教育不可或缺的重要组成部分。

首先，二语习得者的学习动机。学习动机是直接推动学生学习的内部动力，其推动作用体现在整个学习过程中。外语学习动机本身更强调内部动机，也就是由学生对外语的求知欲、对外语学习活动本身的兴趣等心理因素构成的，这些因素的形成与发展离不开学生的各种需要。第一，认知需要。学生是否具有想要获得外语知识和应用外语知识解决问题的需要。学生在外语实践中不断取得成功，体验到需要获得满足的兴趣。第二，自我提高需要。这是一种想要借助学业成就或胜任能力而赢得相应地位和尊重的需要。在跨文化语言交际中，它既可以促使学生把自己的行为指向外语学业中可能达到的成就，又可以促使学生在这一成绩的基础上将自己的行为指向今后在外语学术和职业上的目标。第三，附属需要。这是一种为了获得自己所附属的人群赞许与认可而想要把学习进行得更好的需要。一个具有高度附属感的二语习得者，一旦得到自己所属人群的赞赏或者集体的认可，就会进一步提高语言交流能力，追求更好的外语学习表现与成绩。

其次，二语习得者的非智力因素。二语习得者要想与来自不同文化背景的人们成功实现跨文化交际，很大程度上是由非智力因素促成的。要顺利实现跨文化交际的过程也许会比较辛苦，这就需要有与困难抗争到底的决心、信心和恒心，努力培养自身坚定的意志，积极地调控自身的情绪与感情，对于自身、他者以及二语习得环境抱有热情与现实的态度，进而全面整体地激发非智力因素的积极影响，提高二语习得者的跨文化语言交际能力。笔者认为影响二语习得者掌握跨文化语言交际的内部因素有很多,但学习动机与非智力因素居于主导地位,其他影响因素在此不赘述。

二、影响跨文化语言交际能力的外部因素

首先,大众传媒与社会舆论的积极导向。社会是二语习得者赖以生存和生活的大环境。大众传媒以生动、活泼的形式以及传播信息量大、覆盖面广等特点强烈影响着二语习得者外语知识的吸取。目前,很多社会化媒体都十分受二语习得者欢迎,例如,Facebook、Twitter、Blog、Wechat、Instagram 等社交网络平台的问世,可以让他们轻松自如地融入地球村,用习得的外语与来自不同文化背景的人们进行交流。可以说,社会化媒体已经渗透到全球的各个角落,通过这一平台,人们可以说出或写出自己的话语,达到交流的目的。此外,社会舆论导向对学生的外语知识学习也起着至关重要的作用。近年来,对于外语教育的舆论导向是外语专业走向没落,社会职业对外语人才需求变革,外语的工具化功能加大,专业化研究功能缩小,对于二语习得者的外语学习态度产生极大威胁,进而不利于提高其跨文化语言交际能力。由此可见,正确的社会舆论导向会营造出一个强有力的氛围,激发和鼓励二语习得者对跨文化语言交际作用的认知,提高跨文化语言交际能力。

其次,显性文化教学与隐性文化教学相结合。在外语教育的实施过程中,直接明确地介绍外国文化有助于减轻人们由于对异文化不熟悉而产生的困惑感,而且这种知识是培养跨文化交际能力的基础。显性文化教学法的省时、高效是显而易见的,可以让二语习得者在课堂学习过程中自然地获取异文化的知识。此外,隐性文化教学法也有其优势所在。注重语言的社会功能和交际功能的培养,使语言教学与文化教学真正有机地结合起来。倡导“通过实践来学习”,强调在课堂提供的真实的交际情景中以交际为目的而使用语言的过程中自然地习得异文化,并注重培养二语习得者自主探究异文化的主观能动性和思维的过程。因此,根据课程需要,将两种文化教学方法结合起来,充分发挥各种文化教学法的积极作用是十分必要的。

最后,师生之间融洽的人际关系。其一,教师对待学生的态度是决定师生关系的最重要的因素之一。教师对学生的尊重、理解、宽容、公平的态度,可以促使他们与学生坦诚相见、耐心细致、循循善诱,从而成为学生的朋友或知己。这些都可以很好地促使二语习得者端正外语学习态度,对跨文化能力的提高产生浓厚的兴趣。其二,教师上课作风民主,与学生共同探讨,帮助他们理解外语

文化教学中的难点和重点，引导学生明确如何使自己成为具有跨文化交际能力的创新型外语人才，进而在教学秩序上，学生会积极配合教师的教学，有意识地培养自身的创新思维与跨文化交际能力。其三，教师的品质与能力会对师生关系产生不同影响。1979 年，贾尔德曼(Jeldman)与普罗哈斯克(Prohaska)做了研究，考查教师的能力差异对学生的不同影响。研究结果显示，学生喜欢教师有能力、聪明和热忱；学生对于能力较差的教师则产生消极反应，他们常常感到学习上有困难，不容易产生兴趣，学习效果也不佳；学生表示不喜欢没有能力的教师。

第三节　认知跨文化非语言交际的社会意义

非语言交流是指人们在交流的过程中通过语言以外的方式交流，它具有语言交流手段所不可替代的作用，是跨文化交流的重要组成部分，语言交流和非语言交流共同构成了交际的全过程。在进行跨文化沟通的时候，成功的关键之一就在于是否理解了非语言沟通。据研究者估计，在不同文化的人们之间的全部沟通中，有大约 85%是靠非语言进行沟通的。而在各种不同的文化中，这种沟通类型的重要性也是非常显著的。同语言一样，非语言交流方式作为一种传递信息、交流思想的方式，不仅仅是一套相对物质的符号系统，也是一种文化形态和社会现象，并具有相对稳定和不断发展的属性。同语言交流方式相比，非语言交流方式具有更真实地传递信息，更准确地表达思想，以及在不同的语言环境中起着关键含义的作用等功能，并达到高质量的交际目的。一般而言，非语言沟通包括目光接触、面部表情、手势、身体空间的利用以及沉默和语言的节奏。

一、非语言交际的含义与作用

(一) 非语言交际的含义

非语言交际是指语言行为以外的所有交际行为。萨莫瓦(Samovar)将其定义为在一定交际环境中语言因素以外的，对输出者或接受者含有信息价值的那些因素。这些因素可人为地生成，也可由环境造就。而马兰罗德和巴克认为，非言语交际是个人发出有可能在他人头脑里产生意义的非言语暗示的加工过程。

（二）非语言交际的作用

语言既反映文化内容，也受文化的制约。人们对时间、空间、身体运动及面部表情的理解和运用是受特定文化规范和期望影响的；而文化规约不仅存在于语言形式，它还有另外一个载体——非语言形式。在一般面对面交谈中，信息的社会内容只有35%是通过字、词、句传递的，其他都是通过非语言行为传递的。在进行交际时，人们只注意语言交际，以为词语是传递和领悟信息的唯一途径，忽略了非语言行为的信息传递，也有人不了解非语言交际也存在着文化差异和文化冲突。非语言交际是整个交际中不可缺少的组成部分，它与语言交际相互配合，共同完成了有效的交际目的。同时，非语言交际也能折射出说话者强烈的文化特征。没有非语言交际内容的交际是不成功的。在跨文化交际中，通过非语言交际行为模式可以了解一种文化的价值体系、取向，而且人们的行为举止都蕴涵在某一文化的非语言表现形式中。在跨文化交际中，非语言交际行为、手段在语言交际时起着重要作用，它对语言交际时出现的障碍、不清楚所起的弥补、重申、确定、挽救作用是不可低估的。

二、非语言交际的类型及信息内容

（一）类型

因非语言交际涵盖范围广泛、内容丰富，对它的分类方式、依据也纷繁复杂，如鲁希和基斯的手势语言、动作语言及客体语言；纳普的身势动作和体语行为、身体特征、化妆用品、体触行为、副语言、近体距离和环境因素八大类等。在众多的分类中，毕继万等的分法较为清晰、简洁、有序，即体态语（body language）、副语言（paralanguage）、客体语（object language）及环境语（environmental language）。前两类为“非语言行为”，后两类为“非语言手段”。

（二）信息内容

体态语指传递交际信息的表情和动作。它包括基本姿态，人体各部分动作和基本礼节动作。交际时，体态语有时没有明确规定的动作，但可通过其姿态等明了其含义。在交际中往往因文化差异而引起误解。如耸肩这种在英语国家常见的身势动作表示很多诸如“我不知道”“这毫无希望”等含义，而中国人却没有这一动作，中国人习惯用摇头、摆手等表示这些意思。

副语言是指交际时伴随话语的表达而发出的无固定语义的声音。对从暗示而不是从讲话词句内容搜集到的口语的意思的研究被称为副语言学。伯林格将副语言冠以“辅助语言或听觉身势”，他认为为了不被旁人打断思路，演说家使用叫作犹豫音(hesitation sound)的视觉身势,如用“brr”表示“我很冷”、“太冷了”,用“umm,uh”等声音打断别人说话。副语言可以单独使用,也可伴随口头的言语出现。如英国人通常说“no”,同时往往晃动脑袋表示“不应该”“不”“别”等意思。

客体语所含内容极其丰富,比其他任何一种非语言方式都更能显示使用者的文化品位、素质及特征。客体语一般包括化妆品、修饰物、服装、衣饰、家居物品等。客体语实际是人工用品,传递信息时由于人工雕琢成分太多因而可靠性较差。

环境语不同于前面提到的客体语。它更多情况下指的是包括空间、时间、颜色、建筑、声音、信号等对身处该文化环境时提供交际信息所造成的生理及心理影响,因此环境语也可展示使用者的文化品位与特征。环境影响交流行为的方式不太明显。人们通过构成和操纵环境向别人传达有关设计者自己的信息,预期别人反馈的信息,或对所处环境产生某种理解,然后将这种理解的内容融入所发出的信息之中。此时信息接收者对环境的认知、感悟程度也有所改变。环境语的最大特点是它可以激发人们情绪的反应。如人们在柔和的灯光及舒适的环境下交流会产生轻松、亲近、温馨的感觉,这种环境非常适合亲友间的交谈。

非语言交际贯穿整个交际过程,它最能反映交际者的真实态度、心理活动和价值观念。由于不同文化形成的地理条件、风俗习惯、价值观念、宗教信仰等各不相同,因此了解、运用好非语言交际内容及信息传递的文化差异是极为必要的。

三、非语言交际在跨文化交际中的文化差异

(一) 社会文化不同,非语言交际的手段、行为相同,含义相同

不同文化间总存在着共性的东西,即使是在东方和西方这两种差异较大的文化类型之间也有相互叠盖(overlap)的部分。如中英两种文化的言谈举止并非水火不容,而是有许多共通的部分。在正规的交际场合,中英双方人员都以沉着有力的握手为文雅礼貌、彬彬有礼之举。在与别人打招呼或与每日见面的朋友及熟人道别或迎送者众多时,中英两种文化都有点头和招手的形式,以此表达向许多人同时致意。称赞别人时,中英文化都有竖起大拇指表示“好”“棒”之意的动作。道歉时,中英文化之间的共同特征是以降低身体高度的方式表示,面部也都显示惭愧自责的表情。再如演讲时,中英文化演讲者都通过目光

环视四周了解演讲的效果。在社交场合，中英文化人士都非常注重姿态端正、态度亲切有礼等。

（二）社会文化不同，非语言交际手段、行为各异，含义不同

虽然不同文化间有共性的东西，但由于各种文化在历史传统、风俗习惯、价值取向、宗教信仰、思维方式甚至地理环境等各方面的差异，使同一种非语言手段、行为方式表现出不同的含义。很多情况下，由于误解、不懂造成了严重的文化冲突。如中英两种文化都有收受礼品的习俗，但收受礼品时却表现出了不同的思维方式。中国人一般双手接递赠物，而且事后过一段时间才打开看礼物，以示对别人的尊重。而英语国家的人则会当场打开礼物，以示欣赏。

（三）社会文化不同，非语言交际手段、行为相同，含义不同

受到各种因素如地理、种族、宗教、观念等的影响，非语言交际手段、行为虽然相同，但表现含义却常常相差甚远或截然不同。如英语国家的“OK”手势语表示“一切均好”“成功”等，而在中国传统文化含义中意思为“零”。英语国家人在太阳穴处用食指画一个圈表示某人太古怪了，或者是发疯了，而在中国人眼里，这意味着要求对方动动脑筋、想想办法。英语国家人说谎时，习惯用手遮住嘴，仿佛要防止话从口出。中国的这种动作只是防止唾液外溅。再如，让别人过来时，英语国家人常用食指朝上向里勾动，这在中国传统文化中给人以不正派的感觉。许多英语国家人都喜欢弹手指表示“噢，想起来了”等含义。中国人虽有这种动作，但常常被视为不正派、流气的人。若不懂这些体态语表达的不同含义，不同文化国度的人与人之间交际将会产生巨大的误解，甚至会弄出笑话。

四、跨文化非语言交际的方式

（一）目光接触

与其他非语言交流一样，目光接触会对双方，即发送信息者和接收信息者产生影响。这里着重探讨目光接触的某些难以看到的规则。

1. 倾听时的眼神行为与发言时的眼神行为

很多研究表明，在发言和倾听的过程中，眼神行为是不一样的。即使人们生活在同一地理区域之中，这种差异在子文化中也会产生。欧裔美国人在发言的时候，通常不会保持直接的、不变的目光接触，他们更趋向于在说话的时候把脸扭转过去，仅仅偶尔回头扫一眼，以便确认与听者的眼神接触；但是，当他们在倾听的时候，通常都会保持直接的、不变的目光接触。也就是说，欧裔美国人

通常受到的教育是听众一定要专注地看着发言者。当其他人不能维持“正确的”目光接触的时候，大部分欧裔美国人都会感到恼火。非裔美国人在说话时，眼神通常是专注于听者的；然而，在倾听他认识的人说话时，非裔美国人会低头也会转过头去。

2. 直接或间接目光接触

关于目光接触，不同文化背景的国家有着不同的约定俗成，如是否可以看对方、看多久、什么时候可以看、什么人不可以看，什么时候不可以看等。来自阿拉伯文化的人们重视直接的、保持不变的目光接触，并将其看作良好沟通的基础。而在英语国家里，盯着对方看或看得过久都是不合适的。美国人遇见陌生人的时候只会偷偷地扫视一下，而不会直盯着陌生人。美国文化教育人们说，直接的凝视是带有威胁性的和干扰性的。

（二）面部表情

在各种不同的文化中，面部表情是很不相同的，它可以传递出诸如生气、高兴、悲伤、惊讶等感情。为了能够描述这种多样性，我们主要讨论两种面部表情——点头与微笑。

1. 点头

点头的动作在各种不同的文化中有不同的含义。作为同意或者不同意的表现方式，要是向美国商务人士询问点头示意的意思，大部分人的回答都会是“我同意”。但是，在保加利亚，点头示意所表示的是否定的而不是肯定的回答。在土耳其，要是舌头打响、下巴转动，通常表示不同意。在不同的文化中，点头可能表示：① 我在听，并且我同意；② 我在听，但是我未必同意；③ 我有点糊涂，但是我想你还是继续说下去吧，这样我会努力抓住你要说明的意思；④ 我通过非言语的肯定反馈，试图对你加以鼓励。

2. 微笑

在各种不同的文化中，微笑是另一种典型的具有不同含义的非言语沟通行为。在某些文化中，微笑可以表示恐惧，微笑也可以是化解潜在攻击的方法，微笑还可以表示友好，而在另一些文化中，微笑可能代表紧张或尴尬。

在不同的文化中，微笑还有不一样的使用频率，而且不会无缘无故地微笑。在美国，人们会对那些完全陌生的人微笑，表示没有敌意；但在某些场合，如果不该笑的时候笑了，则会引起对方的反感。为了能够在跨文化沟通中取得成功，需要弄清楚微笑的频率和意义，更有效地进行沟通。通过对方的面部表情，观察点头和微笑的运用，而在自己尚未确定意思的时候，尽量不要用有任何积极的或消极的反应。

（三）手势

手势是非语言交流过程中非常重要的一个环节，其功能就如同视觉上的图像，表达了一种单一的意思或意念。在各种不同的文化中，双手的运用也是不同的。如果我们以自己所在的文化环境去揣摩使用或者不用手势，这是很危险的。在对话情景或者会议情景中，观察手势的幅度和样式，在确定能够被其他文化正确理解的时候，再使用手势。

1. 大幅或小幅的手势

在一些文化中，使用大幅的手势，表示这个人是大人物；而在另外一些文化中，使用大幅手势则表明这个人举止不文雅。亚洲人通常更倾向于采用小幅手势，因此使用大幅手势很可能令人讨厌、愤怒、心烦意乱。在拉丁美洲或者地中海的文化中，人们可能会因为没有看到大幅手势而感到迷惑，因此会怀疑说者的信心。为了避免产生问题，希望有效地进行跨文化沟通的人们应当仔细地观察；而且在了解其他文化的偏好之前，应当把手势保持在习惯的幅度以内。

2. 同样的手势，不同的意义

在各种不同的文化中，手势的特定意义也会有所不同。

（1）“ok”符号。在美国示意“ok”（大拇指和食指捏成一个圈）表明一切都很好。但是，在不同的文化，例如在巴拉圭、新加坡和俄罗斯文化中，这样的示意具有下流的意思。在法国，同样的示意表示“没什么”，或者“零”，还有“这个想法毫无价值”的意思。

（2）竖起大拇指。“竖起大拇指”的手势在中国是表示赞扬别人的能力，而在中东地区是否定的意思，而且在做手势的时候，大拇指是不能单独使用的。

（3）招手的手势。在美国，人们手掌向上，手指呈捞球状反复地卷曲。在其他文化中，如巴基斯坦，对别人招手的时候，应该朝对方手掌朝下，手指对着自己身体示意。

（4）指示。在很多文化中，用一个手指指向他人的行为是令人不快的。

（四）身体空间的利用

在各种不同的文化中，空间习惯的差异是很大的，对于空间运用的认知，也会影响跨文化商务沟通的成败。

1. 问候行为

问候行为中的空间运用通常会与这种文化中其他非言语沟通保持一致。在日本，与社会等级较高的人相比，社会等级较低的人鞠躬鞠得更低。在印度文化中，“合十礼”（双手合十，很快地点头）表示对于某些社会等级的人员的尊敬。在荷兰、美国等国家，热诚地握手是一种规矩。但是，在法国、印度以及很多亚洲国家，绅士地、轻轻地握手才符合风俗。在某些地中海国家的文化中，男人或女人都会伸出双臂紧紧地拥抱。此外，在某些斯拉夫和欧洲文化中，习惯于相互亲吻对方的脸颊；而在亚洲一些国家就不习惯这样的礼节。因此，在搞清楚对方文化中适宜的问候行为之前，应该避免亲吻或者拥抱。

2. 谈话距离

某些文化要求的谈话距离，在另一种文化中可能会被认为是带有攻击性的，或带有私密性。因为不同民族的人说话的时候，对双方保持多大的距离才是最佳有着不同的标准。因此，关键在于了解其他文化的空间需要。如果我们站着不动，而让对方建立沟通距离，我们就可以在跨文化沟通中做得更为成功。对于那些谈话距离十分不同的文化来说，坐下来谈判是一个非常好的缓冲剂，因为家具的位置帮助双方建立了一个适宜的说话距离。

在公共场合，出身于英国文化的商务人员更喜欢远一点的对话距离——至少3～4英尺（1英尺＝0.304 8米）。在阿拉伯文化中，在沟通过程中所有能用到的官能都会被用到，站立的时候要靠得特别近——18英寸（1英寸＝2.54厘米）甚或更近，以致沟通者之间都沉浸在对方的气息中；而且，触碰行为在男士之间也非常普通。

（五）沉默和语言的节奏

根据不同的文化，沉默和语言的节奏也会有相应的变化。比如，在问题和回答之间，或者是在陈述和反应之间的停顿，都有很大的不同。在某些文化中，言语的沟通是相互重叠的；在另一些文化中，问题和回答之间，或者陈述和反应之间会有一秒到几秒的停顿。沉默或是没有沉默都是非言语沟通中的重要组成部分。

例如，两个正在说西班牙语的人，会发现在词语、句子或是变换讲话者中都会存在交叠的现象，一个人会在另一个人说话结束前开始说话。但是，两个说中国普通话的人，在两句话中间存在更多的空隙和沉默。

欧美人很喜欢一定的节奏以及陈述和反应的抑扬顿挫，所以他们要是觉得陈述很混乱、对于提议的想法有否定的反应，甚至对说话人或者提议的意见感到恼火，他们都会表示沉默。来自亚洲文化的人，通常用沉默来表示对于说话人的尊重、考虑说话者的想法，以及掂量对于陈述内容的正面和反面意见，以便得出一个考虑周全的反馈。

综上所述，面对如此复杂的非语言交际方式，细心观察是有效进行跨文化非语言交际的奥秘所在。首先必须清楚任何文化进行非语言沟通的方式都有无数种。当你不能明白对方的非言语沟通的时候，应该提问，以便通过言语澄清意思。很好地掌握并运用非语言交际方式，是跨文化长交流中成功的重要因素。

五、跨文化非语言交际的意义

非语言交流的形式是我们需要在对外交流中不断学习并模仿的。学习外语者除了要认真学习语言的准确含义以外，还应加强学习非语言交流方式的运用，包括非语言交流的文化背景、文化差异及不同的习俗，并学会遵守特定的文化背景中的规范和约定俗成，正确理解和使用非语言交流的各种表现形式。作为外语教育工作者，更要充分考虑非语言交流过程中的文化差异，将非语言交流的文化背景、文化差异的知识渗透到教学过程当中，使学生通过学习，提高跨文化非语言的交流能力。

非语言交际在外语教育的过程中起着不容忽视的重要作用。在跨文化交际过程中，如何让二语习得者对非语言交际有正确的认知与应用具有积极的社会意义。

(1) 认识跨文化非语言交际的文化差异。跨文化非语言交际行为是后天习得的某一文化群体通用的交际信号，跨文化非语言交际研究的跨国界、跨语言群体之间的非语言交际行为与方式，强调跨文化间的文化差异。可以说，非语言交际贯穿整个二语习得的过程，最能反映人的真实态度、心理活动和价值观念。研究跨文化非语言交际最为现实的意义就是充分认知跨文化非语言交际中的文化差异，帮助二语习得者对比不同文化间的相互干扰，从而运用跨文化交际手段排除跨文化非语言交际中的文化误解与冲突。

(2) 跨文化非语言交际行为的习得手段。跨文化非语言交际是二语习得者不容忽视的问题，习得这些跨文化非语言交际行为对于二语习得的授课教师提出了更高的要求。其一，不断提高教师的跨文化意识。不仅要习得本国的非语言交际行为的运用规则，更要研习目的语国家的非语言交际行为准则，进而在传授的过程中，有意识地将两者进行比较分析，察觉二者的异同点。其二，充分利用多媒体科技手段，通过互联网将国内外有针对性的影音资料展示给学生。其三，选用充分体现跨文化意识的经典文学作品，解读跨文化非语言交际行为随剧情的变化而发生变化的原因。

（3）跨文化非语言交际社会能力的提高。跨文化非语言的沟通是在社会化（socialization）的过程中，经由观察与模仿获取的，因此具有一定的社会性。提高跨文化非语言交际能力对于二语习得者具有十分重要的社会意义。其一，调节自身的情感反应。在跨文化交际中，人们对不同的气味、身势行为及体距行为会产生不同程度的生理反应，这就需要人们更多地了解相关知识，对自己的行为保持高度警惕，控制自己的感情，提高跨文化非语言交际的社会能力。其二，对跨文化非语言行为的普遍观察。多了解不同文化的人们的习惯性行为，观察他们的手势语、目光语以及接触等行为，洞察他们的使用时间和空间以表达和维持社会关系。

第五章　现阶段我国高等外语教育存在的问题

近年来，很多专家学者意识到高等外语教育中存在的问题，从专业语种结构失衡、课程设置不够完善、学生比例配备不合理、教学评价体系不科学以及优秀师资短缺等方面指出现阶段我国高等外语教育存在的问题。然而，很少有学者从跨文化交际实践应用能力的缺失方面总结并归纳其存在的疏忽与遗漏。

第一节　教育理念有待持续发展

20世纪60年代，美国“跨文化交际学”和苏联“语言学国情”的诞生，使世界范围内的外语教育有了一个根本性的转变，把语言与文化、社会语言学的研究成果直接引入外语教育。然而，由于受传统文化的影响，我国教师为注重传授知识、技能和解决问题的方法，而不太急于培养学生的创造性思维和创新能力。近年来，国家虽然出台了很多外语教育改革政策，强调在人才培养的过程中以学生发展为中心，重视学生整体素质的培养和健全人格的塑造，关注学生跨文化交际能力的培养，但由于国内高校发展程度不同、地域环境各异等多方面因素的影响，很多高校无法将国家外语教育改革的政策落到实处，也缺乏评估体系的监督。在外语教育的实践过程中，仍然只注重语言基础知识的学习和语言技能的提高，忽视外语国家的人文知识的讲解与研究。可见，外语人才培养理念的切实转变还有待时日。

一、忽视了文化作用

语言是文化传承的载体，语言和文化之间密不可分。没有语言的交流和传播，文化就不能继续和发展；失去了文化载体的语言，也就没有了存在的价值和意义，这足以体现文化对于外语教学的重要作用。然而，我国高校在外语教学的过程中对于文化的重要性认识不足，以理论教学为主注重的是语法和语义的教学，缺乏介绍和讲述一些外语国家的文化，致使学生只知其然而不知其所以然，这种单调的教学模式得教学成果自然也就不尽如人意。

与语言同根生同根长的文化，对于母语习得者来说是习而不察的。因为人们在习得第一语言的过程中，已经形成了一种自我认同，也就是母语习得者在母语习得过程中，已经无意识地获得了其母语中所蕴含的文化。“自我认同”在外语学习中无疑有一种负迁移作用，形成一种“自我疆界”。他们往往在无意识的情况下用自己的母语知识学习外语，用自己熟悉的文化知识以及已经形成的思维方式学习目的语、衡量目的语文化。刘长江认为这种母语及母语文化负迁移给外语学习带来的干扰，在很大程度上影响目的语的学习。正如吕必松先生所说，语言系统中的文化因素同样是语言能力和语言交际能力的一个构成要素。语言的功能是多方面的，其中最本质和最主要的当然是交际功能。用外语交际，只知道语音、语法、词汇知识是不够的，还必须懂得外语交际所必需的文化背景知识，以确保在交际中正确理解和表达。近年来，人们对语言与文化、文化与交际之间的关系认识逐渐深入，人们开始肯定语言与文化的不可分割性以及文化因素在跨文化交际中的重要性。在众多研究中，基本上是强调目的语文化的导入，目的语文化教育几乎被看作外语教育中文化教育的全部内容，而且所涉及的项目又往往局限于一些社会风俗习惯等。这是对文化教育的片面理解，外语教育过程实际上是目的语文化和本族文化兼容并举的过程。事实上，人们学习外语是为了双语文化的交叉交际，这种跨文化交际既可能因为彼此缺乏对对方文化的了解而出现交际失误，也有可能因为不会使用外语进行文化表述而导致交际中断。那种认为母语文化对外语学习关系不大或母语文化虽然重要但却没有必要将其包含在外语教育中的看法应该摈弃。外语教育要将两种文化进行比较教育，发掘母语文化在外语学习中的正迁移作用。

束定芳、庄智象认为，本族文化在外语教学中至少有两个重要作用：一是作为与外族文化进行对比的工具，更深刻地揭示外族文化的重要性，从而也加强对民族文化本质特征的更深入的了解；二是通过对学生民族文化的心理调节，培养他们对外族文化和外语学习的积极态度，从而调动学生学习外语的积极性，提高对目的语文化和母语文化的鉴赏力。

外语教学的目的是培养学生的交际能力，美国社会语言学家海姆斯海姆斯认为交际能力有四个重要参数，即语法性、适合性、得体性和实际操作性，其中适合性和得体性实质上就是语言使用者的社会文化能力。卡纳尔(Canale)和斯维因(Swain)认为交际能力包括四个方面：语法能力、社会语言能力、语篇能力和策略能力。其中社会语言能力是指在各种不同的交际场合下,语言使用者能够根据话题、说话人身份、交际目的等多种因素,恰当地理解和表达话语,这与海姆斯(Hymes)所说的适应性和得体性有着相似的内容,其实也就是社会文化能力。由此可见,在外语教学中,培养学生的交际能力就包括培养他们的社会文化能力或跨文化交际能力。

二、缺乏跨文化经验

文化与文化之间总是存在一定差距的,有着这样或那样的区别,如果没有相互间的理解和宽容为支撑,文化间的关系就可能被冲突所占据,没有了对话,也就没有了文化接触和融合后的新生。理解是教育的基础,同时在一定程度上也是教育的目的。所以,要想培养学生的跨文化意识,实施跨文化教育,增强学生的跨文化交际能力,就必须引导学生学会理解和宽容不同文化,尊重文化的多样性,容忍不同的文化的存在。

1994 年在日内瓦召开的第 44 届国际教育大会(主题为“为和平、人权和民主的教育”),提出了“和平文化”的概念,它意味着教育应培养人们“要有各种文化、意识形态和信仰之间的相互尊重和相互接受的精神”,并认为这是作为地球村成员所应具备的一种文化、道德和为人处世的方式。这些内容都强调教育应增强受教育者的国际意识,使他们具备国际理解的态度,促进国际理解和交流。

跨文化教育的基本价值主要表现在:首先是培养具有丰富的跨文化知识、积极的跨文化态度、有效的跨文化能力的人,然后是通过广泛深入的跨文化教育,积极开展跨文化对话,尽可能消减跨文化冲突,遏制跨文化对抗,促进人类的跨文化实践走向世界性的跨文化交往,促进人类文化更加丰富多彩与和睦共存、相互学习借鉴,最终促进人类的类文化和不同民族的文化和谐发展,也就是联合国教科文组织所倡导的“世界性文化”的发展。

留学生教育、移民教育都是在跨文化的背景下开展的教育活动,显然这是一种特殊形态的跨文化教育,因为这仍然是不同文化之间的教育,教育内容仍然是异民族文化,只不过教育背景也是在异民族文化之中。比如中国留学生在美国学习美国文化,中国移民及其后裔在欧洲学习欧洲文化等,这都属于跨文化教育。

我国当前的跨文化教育主要在传授跨文化知识,对跨文化态度的教育明显不够系统、深入,对如何引导学生形成开放、尊重、宽容、无偏见等积极的跨文化态度,则缺乏明确的规范、有效的方法。所以,可以说我国外语教育的跨文化教育迄今仍然还不足以真正实现跨文化教育的目标，不足以真正促进跨文化实践走向世界性的跨文化交往，不足以有力促进教育的民族性与国际性的统一（鲁子问，2005）。

三、缺乏跨文化训练

要提高高校学生跨文化交际能力，训练是必不可少的。高校外语教学既有规可循，同时这也是充满个性化的一种教学艺术，其教学有效性与教师的个人综合素质密不可分。教师掌握的教学手段越丰富、教学技能越强，其教学的有效性就越明显。因此，有必要增强对高校外语教师进行跨文化训练以增强他们的教学技能和教学手段来提高高校外语跨文化教学质量。只有提高了外语教师的教学能力，才能逐渐解决高校外语缺乏跨文化训练的尴尬局面。

跨文化教育的目的是让学生感受不同文化、理解不同文化、分享不同文化、思辨不同文化，进而去创造新的文化，使学生能够和以外语国家文化为背景的人进行交流，或者能够同其他国家的人在外语国家文化这个相对国际化的文化平台上进行交流。因此，在外语教学过程中，尽可能地让学生去体验，让学生通过动手、动脑、动口去感知、去认识，既是对学生的尊重和认可，同时也是激发学生求知欲望的重要手段，使学生习得一个同外语母语使用者或者使用外语的其他国家人交际的文化平台，从而保证交际的顺畅。在更高的层次上实施跨文化教育更为广泛的目的，即培养所有的学生进入文化多样化的世界，以适应实际生活的需要。

跨文化教育倡导文化间的相互尊重、相互宽容、相互容忍。文化从来不是虚设的、遥远的，它总是与具体的人和事联系在一起的。对文化的尊重最为重要的体现形式就是对人的尊重，如果没有人与人之间的相互尊重，也就谈不上文化间的包容。所以，外语教师在教学实践中，要注意引导学生学会尊重异域文化、理解异域文化。

教师除传授必要的语言和专业知识，还应培养学生的社会文化能力，让他们深刻理解不同文化传统的差异。课堂内容结合真实的语言材料，向学生讲解其他国家中社会交往的文化因素，在潜移默化中帮学生提高语言形式的正确性，重视语言应用的得体性，从而逐步获得跨文化的敏感性。教师在教学中要恰当地介绍不同的文化，并简单介绍相关的文化理论，使学生在了解大量的有关跨文化知识的同时建构初步的理论框架。具体的实施方法有讲课、提供相关书籍、播放录像、开展专题讲座等。

在教学过程中，教师必须把商务文化知识渗透到语言知识技能学习中，努力培养学生商务文化的意识或素养。教学方法体现灵活性、趣味性和多样性。例如交替采用情景教学法、任务教学法、认知法等交际教学法，激发学生的学习兴趣，开发创造性思维，培养他们独立思考和解决问题的能力。

第二节　教学大纲面临严重挑战

一、来自交际教学法的困惑

交际教学法打破了语法教学的系统性，不利于学生对语言知识的掌握。众所周知，语法知识是语言交际能力的一个基本方面，学生只有较为熟练地驾驭一种语言的语法体系，才能真正获得使用这种语言的交际能力。交际教学法的教学内容往往不是语言功能与其语言表达手段的对应物，这就造成功能与功能，单元与单元之间缺乏语法的系统性与逻辑性。这种杂乱接触语法的方式会严重影响学习的效果，挫伤学生的学习积极性。

交际教学法的本意是弥补结构教学忽视语言运用的不足，然而它所做的往往只限于让学生孤立地记住功能、情景和语言表达形式的对应关系，这种教学方法的单一运用难以真正培养学生的交际能力。因为语言运用是一种创造性的活动，它需要"一套技巧或创造程序"，而交际教学法所做的只局限于让学生在课堂上依靠模仿和机械重复去习得语言，依赖反复刺激和潜移默化的影响去发展学生的语言能力。因此，无论我们怎样在课堂上创设交际环境，由于缺乏真实语境的复杂性和多变性，总和实际存在很大的差距。可见把外语教学目标简单化为教会学生在一个个具体场合下实现一个个具体的交际目的的办法，并不一定实用。这就像把一大堆沙子一粒粒地装进口袋，学生无法通过全面掌握一种语言体系来适应各种无法预料的交际需要，因而远不能真正培养学生创造性地运用语言的能力。

二、来自培养目标上的误差

外语教学要培养学生为交际而使用外语的能力，这无疑是正确的。新大纲和新教材将其作为外语教学的培养目标，试图改变以往不重视交际能力和语言使用能力培养的弊端也是无可非议的。然而问题在于在我们努力加大语言交际能力培养力度的同时，却在教学中出现了另外一种不良倾向。

即忽视外语教学目的多元性的特征，以听说代替读写，以能力取代知识，并把语言能力的培养与社会文化能力的培养完全割裂开来，这就造成对新大纲、新教材培养目标上的理解、实施上的偏差。

实际上，能力的培养应有不同的层次和不同的要求。就交际能力而言，有书面的也有口头的。书面语言的交际能力侧重于读写方面，口头表达能力主要表现在听说方面。听、说、读、写四个方面都是重要的，欠缺哪一方面都不能算是真正具备了交际能力。除了语言能力外，交际能力还应包括社会文化能力。因为在交际中，我们不仅要注意语言、语法、词汇等要素的理解，还要知道这句话应该在什么场合使用。不了解社会文化背景，培养出来的学生终究只具备“纯语言能力”而缺乏“交际能力”，这种能力是不足以保证人们在现实情景中用外语进行有效交际的。另外，不同的学校和地区的培养目标是不同的。例如，培养外语专门人才的大专院校和普通中学就应该有所不同，经济发达地区与经济不发达地区在外语人才的要求上就应有不同的区别。忽视这种差异，在外语能力培养目标上采用一刀切的办法，实际上是行不通的。

第三节 课程体系有待改进与提高

大学外语课程不仅是一门语言基础课程，也是拓宽知识、了解世界文化的素质教育课程，兼有工具性和人文性。因此，设计大学外语课程时也应当充分考虑对学生的文化素质培养和国际文化知识的传授。然而，很多高等院校的大学外语课程体系的设置仍然偏重于大学外语教育的工具性，仅注重培养学生的听、说、读、写、译能力，以外语考试等级证书作为衡量学生对于外语知识的掌控能力，忽视大学外语教育的文化性，并没有将培养学生的跨文化交际能力落到实处。这就需要进一步细化人文知识传授，同时，课程体系建设也有待进一步提高。

一、优化基础课程设置，强化学生的外语技能

虽然人们对外语专业复合型人才的认识和理解不尽相同，但有一点是大家的共识，即外语专业人才必须有扎实的语言基本功和过硬的语言技能。的确，外语人才首先外语要好。这里所谓的“外语好”，在很大程度上是指具有扎实的语言基本功和过硬的语言运用能力，否则外语人才也就失去了其存在的优势，甚或根本就称不上外语人才。外语人才的培养，尤其是 21 世纪外语专业复合

型人才的培养，应狠抓语言基本功和语言技能的训练和培养，努力提高学生的外语运用能力。

然而，近年来，很多外语院校/院系对学生的外语技能培养和训练大有放松的趋势，致使学生的语言素质、语言基本功和语言技能明显下滑，使其与非外语专业的区别变得越来越模糊。不难想象，如果我们继续沉浸在过去的辉煌中，总觉得"外语专业毕业生的就业率和就业前景都相对较好、社会对外语专业人才的需求都成了热门的抢手货"而忽视对人才质量的培养，这不仅会对我国21世纪社会经济快速发展产生不利的影响，而且还会使我们的毕业生没有饭碗，只因他们很难或无法胜任工作。由此可见，我们必须增强危机意识，强化改革意识，科学设置基础课程，大力加强学生的语言基本功和语言技能训练。

外语作为一门独立的学科，既有专业性又有工具性，其工具性主要体现在具有扎实的基本功和较好的语言使用能力，具有扎实的基本功是适应社会主义市场经济和科学技术发展的需要和前提，也是培养复合型外语专业人才的基础。因此，要培养出21世纪社会经济发展需要的复合型外语人才，首先必须优化专业基础课程设置，强化学生的外语技能。实际上，我国高等学校外语专业基础课程的现有设置总的来讲基本合理。围绕培养学生的外语语言能力，几乎所有的外语院校/院系在基础阶段都开设了精读课、泛读课/阅读课、口语课、视听课（或视听说课）、语音课、语法课等。毋庸置疑，上述课程对培养学生的语言技能有着非常重要的作用。但问题是，如何更加科学合理地安排这些课程以取得更佳的效果？当然，同时还存在如何改革传统的教育观念和教学模式的问题，由于这不是本书的重点，故略。

依笔者之见，要想达到通过基础阶段的教学使外语专业的学生掌握扎实的语言基本功和过硬的语言使用能力的目标，我们应该对现有专业基础课程进行优化和调整。首先，精读课（外语专业本科学习的主干课程）的地位应得到进一步加强，因为该课在培养学生综合语言技能方面的作用至关重要，是任何其他课程所无法取代的。语言基础知识的习得以及语言基本技能的获得都与精读课密切相关。因此，精读课教学的成功与否，开设的学时充足与否，在很大程度上决定着学生能否获得扎实的语言基本功和过硬的语言使用能力。目前，有些外语院校/院系由于种种原因（如公共课的课量过大，相关专业知识课的增多等），精读课的授课学时数有所减少，从过去的8学时/周减至6学时/周。笔者认为，这是不妥的做法，应该恢复8学时/周的授课量。这样既可有效地传授学生所需的语言基础知识，并在此过程中使学生获得比较充分的指导和训练以达到强化语言技能的目的，同时又能给学生比较充足的消化吸收的空间，从而确保基础阶段培养目标的达成。当然，仅凭课堂教学和保证授课学时数本身是远远不够的。要想真正实现培养目标，还需要做很多事情，诸如抓好第二课堂活动、课内课外贯通、创建良好的语言学习环境，等等。

其次，目前大部分外语院校/院系对口语课、视听说课的重视程度还不够，每周开课一次 2 学时显然偏少，这对培养学生的口头表达及听力能力明显力度不足，而且也在主观上给学生造成了一种错觉，即此类技能课并不重要。为了更好地确保基础阶段培养目标的实现，笔者认为，口语课和视听说课的课时量以增至 4 学时/周为宜，而且应不间断地贯穿于整个大学一、二年级阶段。这样一来，通过两年的强化学习和训练，学生的听、说能力和水平必定会有实质性的提升，这不仅突出了外语人才的外语性，明晰地区分了外语专业与非外语专业的界限，而且也为大学生毕业后出色地参与国际文化交流等奠定了坚实的基础。

再次，阅读课也应做适当调整。一般说来，外语院校/院系大都在大学一、二年级阶段开设阅读课，2 学时/周。笔者认为，在总的开课时数保持不变的前提下，可调整开设时间和开设方式。大学一年级的第一学期可暂不设此课，目的是集中精力矫正学生的语音语调(语音课，2 学时/周)，培养学生的综合语言基本功(精读课)，训练学生的听说能力及语言交际能力(口语课和视听说课)。阅读课可在第、三、四、五学期开设，前三个学期为基础阅读，主要传授阅读方法与技巧，第五学期开设高级阅读或网络阅读，旨在丰富和拓宽学生的知识面。语法课应压缩授课时数，由过去的一学年缩至一学期，2 学时/周，且以精讲多练为主。通过优化调整基础课程设置，通过两年的时间狠抓语言基本功和语言基本技能的培养和训练，外语专业人才一定能成为名副其实的基础厚实的新型外语人才。

二、合理设置专业知识课程，改善学生的专业知识结构

外语学习者不仅要有扎实的语言基本功和过硬的语言技能，还应掌握其目的语的语言文学文化基础知识，拓宽专业知识面。

针对外语学习，我国外语界学者们的认识也不尽相同。有的主张外语本是一种文化，一种与各国历史传统和现实相联系的文化，而不是一种失去了内在灵魂的工具性语言。显而易见，这里所强调的是语言的文化内涵及其人文性。还有一部分学者比较看重外语语言能力，主张外语教学必须以培养学生掌握语言的意义潜势为目标，使学生的语言能力在意义、词汇和音位三个层次上同时

发展。尽管上述观点从各自的角度来看都有道理，但从21世纪全球化经济发展对外语人才的需求趋势来讲，笔者认为，外语人才的语言能力还是第一位的。当然，只有好的语言能力是远远不够的，还必须掌握一定的专业知识，尤其需要强化外语学习者的文化素质，使其在日趋频繁的国际经济文化交流中能够充分发挥优势作用。

外语专业知识课程结构也必须进行调整，以适应培养21世纪所需的新型复合型外语人才的需要。目前，我国大部分外语院校/院系只开设语言学理论课以及目的语国家文学史课、概况课，有些还开设了一点有关文化方面的课程(但非常有限)。笔者认为，在此基础上，应该增设一些相关的文学类、文化类以及社会学类课程(可设为限选课或任选课)，最大限度地提高学生的文化素质、人文素质，深化学生的人文内涵。这类课程的开设更有助于根治我国外语专业人才的"思辨缺席症"。这类课程对外语专业学习者来讲并非可有可无，而是十分必要的，甚或是不可缺少的。实际上，缺乏文化素质和人文内涵、缺乏多维的思维方式和健全的人格结构的外语人才是很难适应复杂多变的21世纪社会生活的挑战的。要学习、掌握外语技能，了解、运用外国语言赖以生存和发展的外国文化，以保证在日益激烈的国际竞争中立于不败之地，外语专业教育更应该，也必须把人文素质的教育和培养始终放在首位。

以此为导向，我们在考虑专业知识课程设置时可扩展文学类、文化类和社会类课程。以英语专业为例，可增设英美小说赏析、英美诗歌欣赏、英美戏剧发展概论等课程，甚至还可设置有关我国文学的课程，如中国古典文学欣赏、中国近代文学、中国现代文学等；文化类和社会类课程可包括：英美社会与文化、欧洲文化概论、英美国家国情学、外语国家概况、英美国家政治经济发展史、中国传统文化导论、中国近现代政治经济发展史等。至于上述课程中哪些设定为必修课、限选课或任选课，各外语院校/院系可自行确定，不求千篇一律。但总的宗旨是，通过拓宽文学类、文化类和社会类课程的设置面，提高学生的文化人文素质，拓展他们的思维方式，健全他们的人格结构，改善他们的知识结构，丰富他们的专业知识，使他们获得可持续发展的潜在能力。事实上，这种专业知识课程设置趋于与国际接轨，比如英国高校外语专业的知识课程设置。但由于国情的不同，我国高校英语专业的课程体系改革还应从我国的实际情况出发，不可生搬硬套。

三、科学设置相关专业课程，培养复合型外语人才

随着21世纪的到来，随着经济国际化和全球化的迅猛发展，外语专业人才培养必须从单科的经院式人才培养模式转向宽口径、应用性、复合人才的培养模式。如前所述，复合型外语人才是多样化的，既可是外语＋外语，外语＋专业方向、外语＋专业，也可是双学位等，因为社会对人才的需求是多样、多变的，这就要求我国的高等教育不能再像过去那样培养出来的外语人才都是单一性的，缺乏个性化、多元化。现今，为了适应社会的需要和学生个人的需求，可设置多个相关专业的课程群，供学生自由选择。为了培养我国21世纪所需的复合型外语人才，各外语院校/院系可按照新大纲的精神，因地制宜，因校制宜，自主确定人才培养模式，并选择复合的专业，努力培养出服务于本地区经济建设和社会发展的需求、受到社会欢迎、有特色、高质量的复合型外语专业人才，创出学校和专业培养人才的特色。

第四节　师资培训力度有待加强

高素质、高水平的教师队伍建设是培养创新外语人才必不可少的一环。然而，由于大多数院校外语教师本身的学科知识单一，无法紧跟时代发展对外语教育的需要，这也对强化外语师资培训力度提出更高的要求。外语教师应当走出国门，有意识地考察与研究国外教学目标、内容、策略、评估，将国内外教育从横向与纵向两个方面进行比较，并结合本地区本院校的实际情况创新高等外语教育。也就是说，教师队伍建设不仅需要具备视野上的国际化、跨文化的高度，更要有创新理念、思维和能力，只有这样才能具有更宽广的视野、更专业的理解能力、更合理的学科机构、更多元的教学手段，进而培养出具有跨文化、跨民族、跨国界的高水平外语人才。社会对复合型人才的需求不断增加，高校人才培养的压力越来越大。在这种情况下，高校要认识到师资培训是一个长期而艰巨的过程。师资力量的壮大，对培养人才、社会发展、科技进步有至关重要的作用。所以在高校师资培训上，首先，政府要给予一定的政策扶持；其次，需要学校的大力支持，增加师资培训经费投入，解决师资培训经费短缺的问题。

一、高校师资培训经费短缺，投入不足

目前，虽然师资队伍不断壮大，师资培训的经费投入较过去有所增加，但是

面对快速增加的师资队伍，经费投入增长速度相对较慢。高校规模不断扩大，师资队伍迅速壮大，青年教师在教学工作中经验不足，必然带来整体教学水平的下降。学校应客观看待这一问题，向青年教师以及缺乏经验的教师提供培训的机会。这样才能提升师资队伍的整体水平，使学校工作正常开展，提升学校的教学水平。很多高校对师资培训不够重视，教师培训专项经费投入不足；有些学校甚至没有制定师资培训的经费规划，严重影响师资培训工作的开展。

（一）政府投入相对不足

众所周知，经费是教师培训的一种重要资源，没有一定的经费投入会影响教师培训的正常开展。

政府作为培训的主体之一，其职能是宏观调控，就是充分利用市场竞争机制有效配置资源，以保证培训的供给为前提，通过计划的、经济的、行政的、法律的和信息的手段，对高校教师培训宏观管理，正确引导，并予以强有力的支持。各级政府不断加大对教育的投入，虽然如此，但经费投入不足仍是制约高校教师培训发展的"瓶颈"因素。

（二）高校培训经费短缺

高校作为依法办学的实体，具有独立法人资格，拥有聘用、组织培训教师的自主权，是教师培训的第一责任者。我国教育法、教师法、高等教育法等法律法规规定，高校在教师培训中的主要责任是规划、组织、管理本校教师培训，为教师参加培训提供便利条件，落实培训经费，保障教师依法享有的参加培训的权利。

许多高校依靠国家财政拨款安排学校的日常工作，难免在师资培训的筹划和安排方面力不从心。近年来，各高校投入师资培训的经费较过去有增加，但是如果扣除培训的各种费用上涨、参加培训教师增加等因素，师资培训费用的增长速度较慢，有的高校甚至出现零增长。同时高校对培训经费的投入也不平衡，特别是经济欠发达的地区的地方院校，在整体办学经费不足的情况下，培训经费往往被挤占和挪用。

（三）个人分担观念不强

高校教师既是学校办学的主体，又是培训的主体。按照教师法等法律法规的规定，教师享有参加进修或其他方式的培训的权利。鉴于我国的文化背景、教育体制，目前大部分教师还是认为教师进修活动主要是学校行为，进修经费应主要由学校承担，个人分担观念不强。现行的师资培训管理中，在教师培训经费上，一般是由国家或学校支付，其实人力资本是积累在个人身上的，主要受益者是个人。既然国家、高校、教师都是师资培训的受益者，经费自然应该是共同分担的，风险也应该是共同分担的。因而，高校和教师都迫切需要转变观念和工作思路，对不同形式的培训经费实行不同比例的“培训成本分担制度”。

二、高校师资培训机制不健全

（一）选拔机制不健全

教师培训的目的是促进教师更新知识、全面健康地发展。但现行的教师培训选拔机制压抑了教师的创造性、积极性和参与性，教师培训多来自于外部政策的压力，培训对象、培训内容多是安排好的，教师处于被动地位，教师内在学习的主动性不能有效激发。各高校在培训管理过程中，没有将学校的进修计划、管理办法等及时公开、公布，统筹安排或暗箱操作等情况时有发生，缺乏有效的竞争选拔意识，有时会出现真正需要培训的教师不能参加培训，而不需要参加培训的教师却参加了培训，不仅造成培训效果不佳，还造成了极大的资源浪费。

近年来，因高校扩招和教师引进工作相对滞后，高校专任教师总人数虽有提高，但师生比却没有得到改善。专任教师队伍人员相对不足，大部分教师，特别是热门专业的骨干教师，承担了大量的教学任务和科研任务，工学矛盾凸显，培训机会不均。高校没有科学可行的选拔培养制度，对人才缺乏明确的培养目标，缺乏科学的人才评价机制。培训结束后，受训教师人力资本增值，流动性也随之增强，这种情况给培训工作带来了较大的负面影响。另外，目前高校教师受终身制影响太深，竞争机制不健全，部分教师未形成终身教育的观念，缺少自主性。教师要求进修，更多的是由于评估、晋升等外在压力，功利色彩浓厚，谈不上是教师个人内心的实际需要。

（二）激励机制不恰当

激励，是心理学和行为科学所研究的主要问题之一。因此对高校教师需求的研究对我们建立有效的激励机制将起到至关重要的作用。高校教师绝不仅仅是经济人、社会人、管理人、复杂人，他们是最典型的知识人。而知识人最大的特点就是要发挥、发展、实现自我，要寻找知识增值的空间，要获得知识权力和权利，所以在激励机制的激励和完善过程中，我们要始终把握住高校教师的这一特点进行工作。将政治、人文、精神和物质等方面的共同满足作为工作的基点，从而激发教师的献身精神。虽然建立了高校教师培训保障机制，在教师专业技术资格评聘中把进修培训作为晋升高一级专业技术资格的必备条件，但是随着全国部分高校教师职务“以聘代评”的推广和运用，特别是一些名校、大校实行这一政策，高校间对进修提高的条件尺度掌握得很不平衡，激励作用与约束力有所下降。

在实际工作中，高校师资培训激励机制不恰当，有效的激励机制和约束机制尚未真正形成，政策导向性不明确，不能很好地调动教师参加培训的积极性，未形成健康、良好的培训环境。这主要表现在只注重教师培训的参与而忽视培训的结果，缺乏规范的考核制度，不能真正做到奖优罚劣。高校培训制度不完善，政策缺乏连续性，导致教师进修机会不等。如教师脱产进修后，学校师资管理部门很少与教师联系，基本上没有与指导老师沟通，不能及时掌握受训教师的生活情况和学习情况，不能督促教师更好地完成进修任务；培训结果仅以所修课程成绩或导师评语为准，不能全面反映受训教师的培训效果。另外，受训教师也很少与学校师资管理部门工作人员联系，未建立定期联络制度。还有在教师培训回校后，有些学校不重视教师的考核结果，出现未及时考核和考核结果未分等次的情况，没有实行奖优罚劣的激励制度。

（三）评价机制不合理

现行的考核评价制度，评价理念混乱，要么过分注重管理目标，忽视教师个体的特殊性和主观能动性；要么片面理解以人为本，不能对教师业绩进行有效管理。评价内容简单，局限于对教学、科研的定量考核，对于培训项目是否合适、培训成本、受训人培训后综合素质是否提高等，都没有进行考评评价；标准单一，过于强调教学、科研成果的数量，不重视甚至忽视质量评价方法，多采用简单的组织考核的方法评价；导向偏差，重科研业绩，轻教学成果。在这种评价体系下，对高校教师培训的整体绩效缺乏相应的检查、监督、评价机制，使得培训工作有较大的盲目性和自发性，导致整体培训效果不理想，影响教师培训的需求，挫伤教师参加培训的积极性。

第五节　大学外语教材的“中国文化失语症”

失语症（aphasia）是19世纪60年代法国神经学家Broca所研究的一个医学症状，指由受伤或疾病引起的大脑损伤而导致思想表达能力、口语及书面语理解能力的部分或全部缺失。失语症是生理机能方面的缺陷。“中国文化失语症”则是指在文化认知范围上的狭隘和不足，或者是以汉语为母语的人不能用外语表达母语文化的现象。“中国文化失语症”这一概念在外语教学中最早的提出者是南京大学的从丛教授。他发现有些外语水平很高的博士生或中青年学者，本身也有较高的中国文化修养，但是一旦进入外语交流语境，却不能很好地用外语表达我们自己的民族文化，并且逊于母语交流时所表现出的文化底蕴和修养。在教学中我们也发现，学生能够熟练地说出 hamburger、hotdog 或 Coco Cola 这类表示食物的外语单词，却无法用外语回答“What did you have for breakfast this morning?”因为他们不会用外语来表示“烧饼”“油条”“豆浆”等具有中国特色的食物。在学到有关“节日”的主题时，学生能够滔滔不绝地谈论“圣诞节”“感恩节”或其他西方节日的来源和庆祝方式，但是在用外语谈论“端午节”“中秋节”等其他中国传统节日的时候捉襟见肘，甚至连如何准确使用外语表达这些节日的名称都不知道。当然，可以说这些外语学习者在学习西方文化方面取得了一定的成功，但是却很难完成东西方跨文化交流，承担传播祖国文化的重任。

纵观我国近年各种版本的大学外语教材，其内容大多以西方文化为背景，以灌输目的语文化为主要目的，而大学外语教学则以传授语言知识，讲解各种应试技巧为主，几乎不补充相关的中国文化的内容；学生也以通过各类考试为目的，把外语学习作为一种功利性的工具，完全违背了学习外语的目的是在跨文化交际中以外语为载体，向世界传播和发扬中国的传统文化。因此，当前多元文化环境下，大学外语教学中存在本土文化缺失的问题，并由此导致学生的“中国文化失语症”。这种现象指学生由于对本民族文化的外语释义了解不足，从而在对本国文化的表达和介绍时力不从心，无法输出自己国家的文化信息，无论是口语表达还是书面表达都无法在更广泛、更深刻的层次上作进一步交流，这样就很容易导致跨文化交际失败，从而造成外国人对中国文化的误解。大学外语教学需要重视外语课堂对于中国文化的介绍和融入，提高学生的中国文化表达能力。

一、“中国文化失语症”现状

当前对目的语文化，尤其是外语国家历史地理、文化习俗、思维方式、价值观等文化背景知识的介绍和教学已频繁地出现在外语教材和课堂教学中。然而，在文化教学实践中，母语文化（中国文化）基本上处于被忽略状态或一笔带过。外语教学中的文化教学从总体上看呈现重目的语文化、轻本族语文化的特点，师生双方多数将关注的焦点放在了目的语文化输入上，对外国文化的了解日益增多，而同本族语文化却渐行渐远，知之甚少，甚至在跨文化交际中一旦遭遇中国特色文化就束手无策，不知如何准确地用外语进行表达，患上“中国文化失语症”。“中国文化失语症”在跨文化交际中屡屡发生，并因此而造成交际障碍，导致交际失败或低效。尤其在需要用外语对中国传统文化、特色文化进行输出时，其症状愈发突出。

中国文化在汉译英中的传播一直面临着顺应目的语文化与被错化的严峻挑战，而且文化翻译的研究越来越受强势文化地位的影响，承载强势文化的语言在两种语言转换中总是处于一种优势地位。英美文化比中国文化影响的范围明显大，受强势文化的影响，国内学者在汉译英中仍然摆脱不了西方文化的霸权束缚，常常用异语文化代替原语文化，使中国的翻译研究始终没有跳出接受或顺应英美文化的视域。

由于很少接触用目的语介绍中国文化的资料，加上教师在教学中偏重对西方文化的输入，很多大学生用外语表述目的语的能力日渐增强，但普遍缺乏用外语表述中国文化的愿望和能力，不能用外语很好地表述和弘扬中国特色文化。然而，学习者的言谈举止和对中国文化的阐释，都会影响或改变外国人对中国文化的理解和对中国的看法。很多研究者发现，或采用测试，或利用访谈、问卷等工具进行调查研究，研究发现大部分受试不能够用外语恰当地表达测试中涉及的中国文化，认为中国外语专业与非外语专业学生的中国文化外语表达能力十分欠缺，中国学生“文化失语”是一个普遍现象。

在我国的大学外语教学中，外语文化教学的重要性受到越来越多的关注和探讨，在各类外语教学和研究中，不乏有关外语文化的探讨研究。然而外语学习者的母语文化却没有得到足够的重视，对母语文化的忽略直接影响中国学生在对外交流中用外语讲解中国文化的能力。跨文化交际双向性的特点，决定了缺乏足够的母语文化知识而导致跨文化交际的不平衡性，从而出现“中国文化失语”现象。

在大学英语教学课堂中，中国文化失语现象表现得更为明显。特别是自从大学英语四、六级考试改革以来，翻译题型由原来的句子和短语翻译，改为现阶段的段落翻译，翻译范围涵盖中国文化的方方面面。学生的翻译五花八门，究其原因，主要是学生的英语基础知识不够扎实，母语文化储备有限，表现为对中国文化对应的英文词汇了解较少，对中国文化的风俗习惯了解地不够全面。长此以往，学生的跨文化交际能力势必受到极大的影响。

所谓跨文化交际，主要指人们所处文化背景不同时，所进行的文化交流活动，本身其应当具有双向性，但就目前来说，在跨文化交际的过程中，文化逆差这一现象比较明显，主要表现为以下两点。

（一）传输过程中的文化“失语”

改革开放使交流变得更具有经常性和广泛性，但很明显，在很多不同的领域，比如在教育和文化领域，中西文化在交流中的逆差现象都较为显著。我国历史悠久，其中优秀文化非常丰富，这些文化是对我们审美情趣以及生活方式的反映，但这些极其优秀的文化被介绍到西方世界的却非常少。因而可以说，应当将外语作为传播工具，让中国文化走向世界，进而实现跨文化交际中中西文化传播的平衡。

（二）教学过程中的文化“失语”

很长一段时间，不管是外语教育者还是教材与教学大纲的编写制定人员，都单一强调输入目的语，而没有足够重视外语教学过程中母语文化的突出作用。在文化教学的过程中，如果只是引进目的语文化，而缺乏输出母语文化，就会让文化传输呈现一种单一性的特征，这也不是实质意义上的跨文化交际。就目前的英语教材来说，其中很多文章都来源于英美的出版物；在很多大学设置了关于英美文化背景的课程，但是却很少对中国的习俗和文化进行介绍。如今的大学英语教学甚至已经走入了一个误区，它过分强调了西方的人生观、世界观、审美观点、文化知识等方面的学习，把英语交际能力的掌握当作外语学习最为主要的目的，并未充分认识到英语学习和中国文化传输的重要联系，对我国传统的民族文化甚至予以了抛弃。这种文化“失语”不管是对中国传统的优秀文化，还是中国的文化精神都有不利影响。

二、“中国文化失语症”的原因

在跨文化交际的过程中，中国文化之所以会产生“失语”的现象，其原因多样，包括历史、思想以及经济等各方面的原因。

无论是历史上、思想上还是经济上，造成中国文化失语现象主要是以下几种：

（一）跨文化交际中存在着单向性、片面性问题

任何文化都有其存在的独特性和合理性，并无优劣贵贱之分，都应该获得平等的对待和尊重。因此，真正意义上的跨文化交际应该是建立在平等、尊重的基础之上的双向交际，而不是“一边倒”式的单向交际。正如威多森（Widdowson）所强调的：“交流本身是双向而不是单向的，交流的进行意味着吸纳和传播，两者不可或缺。”在长期的跨文化交际中，我们往往轻视本土文化的输出，重视外国文化的输入，这种认识误区，导致了在长期的大学外语教学中对

本国文化的重视程度不够。跨文化交际不是去被动地顺应强势的目的语文化，而是客观地认识和理解本土文化，辩证地对待目的语文化，取其精华，去其糟粕。大学生在跨文化交际中要提升自身的文化认知能力，思考辨别能力和较强的文化适应能力，以目的语文化的价值来看待和评价对方的行为，容忍、尊重并理解别人和自己的差异，最大限度地相互接近和理解，以达到交流的目的。

首先，对跨文化交际的理解具有片面性。在外语教学阶段，由于教学对象已经具备了一定的外语基本知识，教学的目的不应该是单纯地提高语言能力，而应是从文化的角度去引导学生重新认识语言，增强他们跨文化交际能力。跨文化交际能力培养已经日益受到重视，但是在教学实践中，不少人曲解了跨文化交际，以为有能力理解并吸收目的语文化就算是跨文化交际了，本族文化则被视作“秦砖汉瓦”或是有悖于现代社会生活的东西被搁置乃至遗弃在交际之外。正因为如此，在跨文化交际中，中国文化声微弱或“失语”现象屡见不鲜。

殊不知，不论是汉语里的“交际”“交流”，还是英语里的“communication”“exchange”，跨文化交际都应该是双方的交互的行为，一方向另一方“一边倒”式的交际模式并不是真正的跨文化交际。“吸纳”主要指对目的语文化的理解和兼容并收；“传播”则应是向目的语国家输出本族语文化。跨文化交际绝不是以一方对另一方的理解为交际终端，还应同时包含文化的共享和向另一方输出本族语文化。

其次，对外语教学中文化教学的理解具有片面性。文化教学经常会被片面地理解为在外语教学中单纯地导入外国文化，有时被更狭义地解读为西方文化的输入甚至仅仅是英美文化的输入，本土文化则处于可有可无的位置。张红玲(2001)认为单向地导入西方文化，已无法满足社会对外语人才的需要，外语教学中文化教学尚未考虑中国文化之外语表达，现有的教师、教材和教法都无法满足文化学习的需要。“失语”就不足为奇了。长期以来，关于如何实施目的语文化教学的研究论述很多，关于中华文化在外语教学中的作用以及对外语教学效果的积极影响方面的论述却很少。我国外语教学无论从政策上还是实践上，都存在着重外语、重目的语文化传授而轻中文、忽视中华文化学习的倾向。跨文化交际只注意传授西方文化，把学生导入“英美文化”的包围之中。外语教育所造成的文化“逆差”导致了对中华文化所代表的价值和审美在现代社会里失去了认同感，造成对中华文化层面上的东西缺乏起码的了解，一味地顺应目的语文化就等于否定自我，最终导致中华文化的缺失。

毋庸置疑，外语教学中文化教学对目的语文化的侧重是必要的，目的语文化的导入是一个必需的环节，学习一门语言不能脱离其文化，只有真正了解目的语文化，才能正确理解和掌握目的语。但是，是不是只要在外语教学中融入了目的语文化的输入就是成功的文化教学呢？答案应该是否定的。真正意义上的文化教学应遵循对比原则，必要时还要包含母语文化教学。

再者，对母语与外语学习的关系理解具有片面性。内申(Nation)是新西兰惠灵顿维多利亚大学语言学与应用语言学研究院教授，他对母语在外语学习中的作用做过专门研究。他认为，母语在外语学习中会发生重要的作用，外语教学分为四个层面，即以意义为核心的输入性教学(通过听、读进行教学)、以意义为核心的输出性教学(通过说、写进行教学)、以语言为核心的教学(通过有意识地强调语言形式教学)和语言流利教学。内申断言，在每一个层面，母语都可以得到一定程度的利用。课堂教学中，当学生的母语为同一种语言时，则倾向于以外语开展诸如会话这样的活动，以便为学生创造良好的学习氛围；而以母语讲解精读材料和进行写作准备。首先，对学生来说，用母语讲解词汇和课文时，显然要自然得多，因为母语在翻译时通常比较明晰、简洁和熟悉；其次，学生在写作之前以母语作为媒介对题目进行充分的讨论，不仅能帮助学生最大限度地理解题意，而且能使学生积极参与进来，表达自如，激发学习兴趣。这种借用母语实施外语教学的方法并非毫无道理，在外语教学中灵活和适当地利用母语，不仅不会阻碍学生外语水平的提高，还会增强其语言敏感和领悟能力，达到尽快掌握外语的目的，这是由人类语言的共同性决定的。可见，母语学习和外语学习不是互相排斥，而是互相促进。

（二）外语教学不仅仅是目的语语言教学，同时也是一种文化教学

基于语言与文化的紧密联系，外语教学中融入文化教学是一种必然趋势。然而在目前的外语教学中，本族文化的学习处于可有可无的边缘状态，而外语教学的中心和重点则是以目的语文化的学习与介绍为主，这种厚此薄彼、不平衡的文化教学，致使外语教学走入了中国文化失语的误区。现在的很多大学生一谈到西方的节日就口若悬河，如数家珍，而提到中国传统节日时却不知所云，更别提用外语如何表达。任何外来语言的学习都应该以自身的母语文化为基础，脱离了母语文化的外语学习就如同无本之木、无源之水。因此，在文化教学中，应该在目的语文化和本土文化的教授中达到一种平衡。目的语文化的学习与了解和本土文化的积累与传承应一视同仁。

（三）当前的大学外语教学不利于大学生掌握中国本土文化

大学外语教材是当前大学外语教学的根本，是学生获取相关文化知识的桥

梁。教材中是否包含母语文化对大学生中国文化外语表达能力的强弱起着非常重要的作用。如通过对大学英语教材的调查，我们发现基本是两种教材多年一统天下，一种是《大学英语综合教程》，另外一种是《新视野视听说教程》。虽然经过多次重版，教材设计更加新颖，内容也大为丰富，但是系统介绍中国本土文化方面的文章依然难觅踪影。

大学外语教材拘泥于对西方文化的推崇，引进和介绍西方的语言与文化，忽视了本土文化的输出，因此这样的教材极易导致学生忽视本土文化。另外，大学外语课程设置过于单一，这对文化教学的实施是一种阻碍。非外语专业开设有关西方文学、跨文化交际等课程寥寥无几，更别提开设英文版中国文学、中国文化的鉴赏和学习的选修课了。

大学外语教学课堂中没有广泛涉及中国文化知识。外语教学历经改革，外语教学过程中注重文化输入已经被广泛接受，但多以西方文化为主，鲜有涉猎中国文化。以帮助学生理解应用目标语言为前提，推荐英文课外读物及查找外语文化资料成为教师辅助学生课堂学习的主要教学手段。以节日为例，西方的情人节、万圣节、圣诞节等，英语水平较好的学习者可以轻松地就任何一个节日用比较正确地道的英语清楚地介绍节日的名称、来源和风俗。中国的传统节日如春节、元宵节、端午节等，即使英语学习好的学生能够正确且合理地意译节日名称，但要对这些传统节日的风俗或习惯进行英文讲解，对他们来讲却并不是一件容易的事情。

我国的大学外语教材过多偏重西方文化，而忽略中国文化。在浸入式外语学习的影响下，很多教材直接选取西方报刊上的文章作为教材内容，学生的学习目标在实现了掌握语言的运用之后，设定在对相关外语国家的文化的理解和表达上。这样就极大地限制了大学外语课堂上中国文化的教和学。同时，大学外语教师更多地将跨文化交流看作交流西方文化的单向活动，对中国文化在跨文化交流中的重要作用认识不足。外语教师自身对中国传统文化的了解不够深入，也限制了中国文化与西方文化的融洽教学。因此，大学外语教师也应该提高自身的传统文化修养，提高跨文化交际能力。

三、如何避免文化"失语"现象

跨文化交际必然会涉及两种不同的文化，如果出现文化"失语"现象，这必然不利于跨文化交际的进一步发展。因而，为了促进跨文化交际的良性发展，必须努力避免出现中国文化"失语"现象，那么如何才能做到这一点呢？下面笔者将进行具体的分析。

大学外语的教学目标之一是让学生能够成功地用外语进行信息交流。在广阔的工作领域和生活领域,交流的信息多种多样,有政治、经济、科学方面的,当然也包括社会文化和意识形态方面的。我国的大学毕业生在交流后两个方面的信息时,大都只能被动地接受信息。他们能够很好地理解西方文化,甚至优秀者能够用外语进行补充,但却不能用外语表达中国的文化,很显然就造成了文化交流的"逆差"。这种交流过程中所涉及的信息的内涵绝对不同于《大学英语课程教学要求》中所提及的信息。鉴于教材在大学外语教学中的重要性,笔者认为在大学外语教材中加入中国文化,实现大学外语教学中的中国文化教育,可以平衡甚至逆转这种文化"逆差"现象。

（一）使跨文化交际的意识具有平等性

很长时间以来,人们没有平等的跨文化交际意识,面对西方文化时很容易产生迷信和盲从,这是导致中国文化"失语"现象的重要原因。因而,为了让跨文化交际具有平等性,需要从思想的角度对错误的认识进行改变,从而使当前的单向文化输入情况能够得以改变。为了实现这一目标,在制定教学大纲时,就要从宏观政策方面进行引导,让中国文化的重要地位得以提升,并且在大学外语教程中加入中国文化。在充分学习本土文化的基础上,可以让学生的民族自豪感和自信心得以树立。总之,在跨文化交际的过程中,如果能够具有较为平等的交际意识,在缓解中国文化"失语"现象方面必然会发挥很大作用。

（二）对外语教材进行改变,让中国的文化地位得以提升

对外语的教学目的以及教学内容来说,教材编写的作用非常重要。就目前大学外语教材来说,对西方文化给予了足够的介绍,却未将中国传统文化进行输出。在跨文化交际的过程中,交流应当具有双向性,这种交流不仅要对表面语言进行理解,更要进行文化方面的交际。为了避免交际中中国文化"失语"现象,适当增加外语教材中的中国文化介绍非常必要,在介绍时可以选取一些代表性较强的经典作品,在具体形式上,中国文化的相关介绍既可以放在阅读课文中,也可以放在口语交际中进行练习。总之,合理编写教材对中国文化的传播和发展的作用也非常突出。

（三）日常外语教学的过程中注意进行中国文化的渗透

在我国的外语教学中,对听说读写能力的培养过度重视,很多教师将语言技能训练作为其外语课的主要内容,这样必然不利于学生在文化能力方面的提升。这就需要外语教师尽快做出改变,不仅要重视技能的培养,更要突出能力

的学习。与此同时，可以将语言环境与教学进行进一步结合，让文化教学得以实现。另外，根据学习者所处阶段以及特点，可以采取不同的教学方法，让学生能够使用外语对中国文化进行介绍，尽可能让学生的积极性得以发挥，让其文化素养得以进一步提升。学习者的能力得以提升，就能够通过自己的语言能力，向西方国家介绍中国的文化，最终避免跨文化交际中中国文化“失语”现象的出现。

（四）在教科书中增添中国文学及文化

教材的定义有狭义和广义之分。狭义的教材就是教科书，教科书是一个课程的核心教学材料。在文化信息交流时，有两个环节，其一是西方文化的输入，其二是民族文化的输出。但是，现在的大学外语教科书，大都以国外的时文为主要材料，有的教科书引进了国外原版的语言和文化材料，选录的都是西方的评论、故事及其他体裁的篇章，使学生近距离地接触到了西方的语言和文化，较为细致和真实地理解了它们，成功地完成了西方文化输入。但是学生在介绍自身民族文化时，却显得捉襟见肘、力不从心，很难用外语准确地表达出民族文化，不能完成民族文化的输出。鉴于上述原因，在大学外语教学中增添中国文学及文化作品是必需的。当然，被引入的中国文学、文化作品本身就应该是经典文学，其译文也应当是经典的，同样是优秀之作。比如：四大名著的英文译本中的篇章、当代文学作品中钱钟书的《围城》的译本，等等。这些作品在选入教材时，可以采用全英文式的，也可以采用汉英对照式。笔者认为，也可以编撰出这样一本有关中国文学、文化作品的外语教科书，以供学习大学外语的学生阅读和学习，并纳入考试、考查体系。这本教材的编写者应不仅包括外语语言学家，还必须有汉语文学家、汉语文学作品的译者、外国文学家、比较文学和文化方面的专家。

（五）在听说课堂教学中引入中国文化

自大学外语教学改革以来，大学外语教学整体偏向语言技能训练，尤其是听说能力。这对大学外语听说课的教学材料的选择无疑是一个考验。笔者在这里所提及的“教学材料”是指除教科书以外的书面或口头的教学补充材料。毕竟，编撰出一套具有中国性、民族性的大学外语教科书需要专家的论证和大量的投入，但是大学外语课教师，尤其是主讲听说课的教师可以灵活地选择一些和单元主题相关、与构成语料块相关的中国化材料，展开听说教学。

20 世纪 70 年代语言交际运动的发展，对外语教学产生了深刻的影响。“真实性材料”(authentic material)被有些人看作解决外语教学问题的良方。语言学家大卫·诺南(David Nunan)和布莱恩·汤姆林森(Brian Tomlinson)曾对此做出过各自的定义,但到目前为止,比较认可的定义是"真实性材料"是指"在真实的语言交际情景下使用的语言材料"。

但是,课堂教学中如何引入真实的语言交际情景,这是一个难题。我们不可能在课堂教学中开展真实的买卖、餐厅服务等场景,更多的是使用"Let's suppose…"导入一个虚拟的情景。威多森(Widdowson)认为"真实性"是"材料与读者关系的一个特征,必须与合适的反应有关"。能够引起学习者的合适反应或者使学习者构建对这些材料的积极感知,应当是合适的教学材料。杨治中教授曾提及他本人的一个教学案例,让学生用外语讲述寓言故事《中山狼》,但分别要从东郭先生、农夫和狼的角度用第一人称进行讲述。笔者在杨治中教授的启发下,在自己的授课中也进行过类似的尝试,要求学生改编寓言故事《中山狼》为小品,并且用英语进行表演。两种模式都收到了很好效果,学生积极参与,努力构建场景,反复推敲语言。这个寓言故事是中国古代文化的一部分,学生们非常熟悉,英语表述或表演容易和汉语故事产生共鸣。由于这个寓言故事是大家所熟知的,亦即预先存在于学生的脑海里的,因此应该算作一个"真实性材料"。在扬州大学首届和第二届英语短剧大赛上,外国语学院选送了《阿Q歪传》和《武松》参赛,改编自《阿Q正传》和《水浒》中相应的片段,两部短片都取得了惊人的舞台效果,笔者也曾在授课中要求学生自导自演这两个片段,都取得了很好的教学效果。由此可见,在大学外语听说课上,将中国化材料和学习者的动机目的紧密结合起来,一定会取得令人满意的效果。

(六)增强民族文化认同感

外语专业的学生长期浸润在西方文化氛围中,思想观念易受外语文化及价值观的影响。曾洪伟认为,中国文化"失语症"的实质就是国人民族文化认同感的严重缺失。"我希望世界各地的文化之风都能尽情地吹到我的家园,但是我不能让他把我连根带走。"印度国父甘地的这句话恰好表明在学习外语时应有的态度和目的。因此在中西文化交流的背景下,在教育内容和教育方法的选择上须坚持中华民族文化的主体地位,保持民族自尊、自信和自强,只有这样才能避免"文化失语",实现民族认同。在教学内容上,要以有利于民族发展及民族文化繁荣为标准选择合适的材料进行中国文化教育,并从东西文化对比的角度分析材料;在教学方法上,主要采取软认同和潜认同的方式以强化效果,例如教师可以在主流网站上写博客或发表言论,从生活、休闲、语言、文化心理等各个方面使学生的思想价值观念与主流认同有效融合。只有将这两种策略结合起来才能起到增强学生民族文化认同感的效果。

（七）强化中国文化知识渗透

教材应主动纳入反映中国文化的优秀外语文章，实现中外文化有机结合。综合技能及文学类教材可选录各时期有代表性的中国文化优秀译文，且这些作品汇集起来可反映中国文学与文化的整体风貌和历史脉络。文化类教材应着重于多层次、多角度地将外语语言文化与中国文化传统、社会风俗习惯等方面加以对比。单项语言技能教材可采用多样化的方式编写，比如听力教材中添加以中国文化知识为背景的日常交际内容；口语教材可通过传统与现代文化交叉的话题对汉语文化的英文表达方式进行测试，北京外国语大学编纂的教材《英语中级口语》及外语教学与研究出版社的《英语高级口语》在这方面就做出了很好的榜样。阅读教材可选编以中国文化为题材的正文或以中西文化对比的形式分层次出现，翻译教材可选录比较经典、系统的中国现当代文学的作品进行翻译，写作教材不妨考虑与中西文化差异相关的作文。

在外语教学过程中，对中国文化知识的选择和介绍，应采取“平和的心态”。即在呈现中西文化时，应采取双向文化的态度，介绍自己，亦应旁及他人，平视目的语文化也平视自己的母语文化。学了外语就丢了母语，有了外国文化就抛弃了民族文化，那么这些人仍是单语人。一个轻视母语学习的人，也极易形成自卑心理，在交际过程中迷失自我，失去民族文化身份。

第六章　跨文化交际视角下高等外语教育课程创新的构想

人们形象地将课程比喻为教育的“心脏”，把课程改革看作教育改革的“主战场”。当前，我国大学课程改革仍然处在对发达国家的依附发展时期，不过这种依附更多地表现为一种主动、自觉的学习与借鉴，并在学习与借鉴中强调立足本土的创新。因为没有一个可以适用于所有高校的大学外语课程设置的模式。本章在对通识教育与大学外语课程的历史渊源、通识教育视角下大学外语课程的理论建构、美国通识教育中的大学外语课程的实践经验等做出多维度的研究分析的基础上，结合我国目前通识教育中的外语课程的现状及所处的内外部情境，探索我国通识教育中外语课程未来改革的路径。

第一节　课程理念的改革

一、转变教育理念，明确外语课程人文学科属性

工欲善其事，必先利其器。任何课程的改革与发展首先必须唯教育理念马首是瞻，大学外语课程也不例外。教育理念归根到底是一个培养什么人的问题。新中国成立后，我国高校学习苏联，奉行专才教育理念，培养为社会主义建设服务的高级专门人才，在短期内为国家的迅速崛起做出了贡献。在专才教育理念下，大学外语课程是为专业课程打基础的“公共必修课程”或“技能类课程”，成为生产翻译专才的工具。随着我国经济、科技、文化和教育的迅猛发展，在全球化的趋势下，外语又日益成为国人升学、晋升、出国的一块敲门砖，因此大学外语课程的工具化倾向愈演愈烈。20 世纪 90 年代末，针对专才教育的狭隘性和功利性，我国高校尤其是部分研究型大学引入了通识教育理念，实施通识性、复合型本科人才培养模式的改革。但是，由于历史的惯习，大学外语课程决策者仍受功利性的、工具理性的专才教育理念影响，成为大学外语课程在通

识教育中发挥作用的严重障碍。因此,目前当务之急是转变大学外语课程决策者的教育理念。

第一,大学外语课程决策者必须明确通识教育的内涵。通识教育理念的核心是培养“完人”,一个健全的人和负责任的公民。与社会本位的专才教育不同,通识教育主张个人的发展优先于社会的发展,主张尊重学生的本性与需求,主张学校的职能是“使人充分地被培养成为名副其实的人,而绝不能只是提供人力资源”。它强调学生作为人的自由、完整与独特,认为学生理智的训练、心智的发展与完善比功利的目的更重要,人格的陶冶、情操的升华、价值观的明辨比知识和技能的掌握更重要。赫钦斯是这种通识教育理念的倡导者和践行者。他因为对美国高等教育盛行的功利主义和职业主义倾向十分不满,主张援引通识教育的理念对大学课程进行改革。他认为,大学教育的目的在于培养学生的智识,在于实施通识教育完善学生的心智。

首要的就是承担通识教育任务的包括大学外语课程在内的各课程决策者,要能理解通识教育理念和相关课程理念,并在大学教育中加以贯彻始终,通识教育才能得以顺利实施,才能持续前进。

第二,大学外语课程决策者必须明确大学外语课程的人文学科属性,找准其在通识教育课程体系中的适切定位。历史经验表明,属于人文学科的外语课程才是通识教育的一部分;而作为一种工具的外语学习更接近于一种专业教育,非通识教育。注重人文教育是我国传统大学外语课程的一大特色和优势,但是在专才教育模式及市场经济的冲击下,这一特色与传统一步步丢失,逐渐在大学课程体系中屈居为“技能类课程”或“工具类课程”,培养的学生尽管“嘴巴快”(口语好)、“耳朵灵”(听力好),但是“脑子空”(缺乏人文素养,知识肤浅)。大学外语课程应该跳出专才教育理念下的技能类课程的藩篱,回归人文学科领域,才能真正融入通识教育课程体系,将人类优秀的文化成果,特别是目的语国家和地区的文化成果,通过知识传授、环境熏陶,使之内化为人格、气质和修养,成为学生的相对稳定的内在品格。

第三,大学外语课程决策者必须领会我国新时期的外语政策文献所反映的教育理念。大学外语课程不仅是一门语言基础课程,也是拓宽知识、了解世界文化的素质教育课程,兼有工具性和人文性。因此,设计大学外语课程时也应当充分考虑对学生的文化素质培养和国际文化知识的传授。外语不仅仅是一门工具,外语学习还是传承中外优秀文化、增加人文和科学知识、提高学生综合素养的一个重要途径。学生应通过学习外语了解世界、开阔眼界,同时向世界宣传中国。大学外语课程性质的双重性：既是语言技能类课程，又是人文学科类课程。因此，在学校层面，尤其是近年我国部分研究型大学引入通识教育以应对当今大学人文教育严重缺失的危机之际，大学外语课程决策者更应领悟并贯彻这一理念，淡化大学外语课程的工具性价值，强化其人文性价值，扭转重“制器”轻“育人”、重功利轻人文的现状，使大学外语课程成为通识教育中人文学科的重要组成部分。

二、明晰文化走向，确立多元文化观的课程理念

与经济全球一体化的发展趋势相反，世界文化正呈现多元的发展趋势。正如生态的多样性是保持生态平衡和发展的重要前提一样，文化的多样性也是世界文化和谐发展的重要前提。大学的教育理念应该建立在对于未来文化走向的清晰判断上。

在这种一元化文化观的局势下，我国大学外语课程的语言环境势必是死水一潭，缺乏生命力，同时，没有文化的碰撞和交流，也就没有我国民族文化的发展与创新。一元文化观下，我国大学外语学习者将视野狭隘，故步自封，即使语言知识很扎实、语言技能很高超，也不能从移情、他人的视角分析和解决全球共同面临的问题与危机，那么在全球社会大舞台上必将失去话语权。

在全球化时代，全球性的危机如能源危机、环境危机、人口危机、生态危机、核威胁、恐怖主义等伴随现代化和西化进程而全面扩散。文化生态的平衡对人类文明的可持续发展至关重要，不同文化体系在各自处理人与自然、人与社会、人与文化、人与自我关系的不同方式中，形成了不同的生存经验和生存理想模式。因此，我国大学外语课程应该明晰未来文化走向是多元异质文化共存、相互交融、和谐发展，要求学生超越本民族习俗的局限性去观察问题，培养学生对他民族的世界观、独特的生活方式和行为规范的尊重意识及文化批判能力。

第二节　课程目标的改革

一、回归人本身，以提升人文素养为课程终极目标

目前，我国大学外语课程目标以服务于学生的职业发展和专业研究为终极目标，片面强调课程的工具性价值及功利主义取向，违背了通识教育以人的完整发展、和谐发展与自由发展为核心的理念追求。针对这一现状，大学外语课

程目标必须回归人本身，即确立以学生发展为本位的价值取向，以提升学生的人文素养为其终极目标。人文素养是人文学科、人文教育在教育对象身上所体现出的成果，也称文化素养，包括语言文字、文学艺术、伦理道德、文明礼仪、政治理论、历史和哲学等方面的修养。它是一个人外在精神风貌和内在精神气质的综合表现，也是一个现代人文明程度的综合体现。

首先，这是由大学外语课程的内部影响力之大学外语的通识教育使命决定的。黄坤锦认为，通识教育不管是哪一门科目，都只是一个入门、一个工具、一个教材，最终都要以达到其本质精神所追求的内涵为目的，即人类精神的自由、心灵的满足、生命的尊严、生活的价值、资源的善用、宇宙的和谐等。任何通识教育课程虽然包含三个层面的目标：认知的、技能的和情感意志的，但是只有实现了情感意志层面的目标，才算把握了通识教育的本质内涵，才算实现了通识教育使命。大学外语课程满足学生的职业发展和专业研究方面的需求，只是实现了认知和技能层面的目标，使学生今后能够胜任某一职业或在某一专业领域，从而成为国家和社会发展的有用"工具"。这与通识教育是"不直接为学生将来的职业活动做准备的那部分教育"的性质是相违背的。唯有促进学生人性境界的提升、理想人格的塑造、个人与社会价值的实现，即提升学生的人文素养这一情操意志层面的目标，才算通往通识教育的终极目标，使人真正成为"人"。

其次，这是由外语课程本质上是人文教育所决定的。一个民族的语言不仅是一种交际工具或者符号体系，而且是该民族认识世界、阐释世界的价值体系，因此具有鲜明的人文性。外语作为文化的载体，体现着一种人文精神，有其特殊的人文教育作用。我国学者钱冠连认为：所谓外语的教育教养作用，是指外语教学对学习者功利（掌握一门外语）之外的思维的训练，人格的培养，对所学外语文化与情趣的灌输，综合素质的提高。一句话，外语教学的教养作用旨在与其他课程一道培养一个和谐发展的人，一个与高度文明相配的人。可见，外语课程作为人文教育的一部分，目标不仅涉及目的语本身，更多地应涉及学生的世界观、价值观、人生观及审美观等的形成。通过外语学习，学生不仅要掌握语言本身，而且要了解目的语国家的文化及人文知识，丰富社会阅历，拓宽人生视野，从而提升人文素养。

最后，这是由我国研究型大学非外语专业本科生的学习动机及需求所决定的。根据问卷调查和访谈，绝大多数学生的融入型动机比工具型动机更强。他们不满足于通过学习外语掌握一种技能或工具，而是渴望参与或融入目的语社区的社会生活。他们认为学习外语是为了"在学习、旅游和国外生活时能使用外语”“理解外语电影、电视、报纸等媒体信息，拓宽视野”“了解外语国家的文化、历史等知识，提升自身综合素养”并“为成为全球化社会的世界公民做准备”。他们深知在全球化时代竞争日趋激烈的人才市场上，单一掌握某种外语技能而知识面狭窄、批判思维能力缺失甚至人格不健全的毕业生是没有立足之地的。因此，通过外语课程提升人文素养是学习者主体的内在目标。

二、培养世界公民，以跨文化交际能力为课程主要目标

全球化的时代背景、多元化的世界文化和社会，赋予了世界一流研究型大学新的责任——培养“世界公民”或“世界领袖”。哈佛大学和耶鲁大学作为美国甚至是全世界最顶尖的研究型大学，不约而同地将培养学生成为“世界公民”作为新世纪的通识教育目标。作为“世界公民”，不仅要认识到自身对本民族的责任，也要认识到对世界的责任。培养21世纪的“世界公民”，也就是培养具有世界眼光的国际化人才。一方面，他们要关注全球性的人类共同面临的问题，如环境问题、能源问题等；另一方面，他们要适应文化全球化，能够与来自不同国家、不同文化背景的人沟通交流。交流靠什么？语言。学生掌握了一门外语的语音、语法、词汇、用法等知识以及听说读写技能，并不代表他能顺畅交流，因为用外语交流是一种跨文化交流，涉及与语言相关的文化因素。因此，跨文化交际能力成为通识教育中大学外语课程的主要目标，是一种融跨文化意识、知识和能力于一体的综合性目标，要高于单纯的语言知识和技能目标。

三、立足学生需求，重设多元化、层次化及个性化课程目标

通识教育理念下，大学课程的价值就在于为每个学生提供真正有助于个性解放与和谐发展的经验，重视人的主体性存在，强调学习的内在动机。也就是说，通识教育不是把学生当作工具或手段，而是把学生的发展本身当作目的。就学生而言，课程是其学习的主要途径和方式，课程在多大程度上符合学生的个性、志趣、禀赋、心智发展水平、知识结构及满足学生的需求，直接关系到学习活动的有效性和个体的成长。虽然20世纪90年代以来，我国部分研究型大学经过数轮本科课程改革，并明确以通识教育作为课程改革的指导理念，学生的主体性需求开始得到重视，但是由于历史的惯性，状况仍未有根本性的改变。从现状调查看，我国大学外语课程的目标决策受社会、政府、学科专业协会等外部影响力的作用较大，片面地强调语言的实用性与工具性；却普遍忽视学生的认知、心理、情感、人格发展的需要，漠视学生个性的存在，较少考量学生这一课

程内部影响力主体。因此课程目标往往过于注重外在目标，呈现出预设的、统一的及普适性的特征，与学生主体发展过程生成的、多样化的、差异性需求形成了尖锐的矛盾。大学生，尤其是研究型大学的本科生，具有强烈的社会责任和使命感，同时，他们也有很强的自我意识和丰富的情感，他们具有选择、判断的能力，有自己的兴趣和需要。大学课程目标忽视大学生命个体各种不同的内在需要，这样的大学课程目标表现出武断和专制，不利于发挥课程的建构性。因此，通识教育视野下，我国大学外语课程改革必须立足学生的需求，即课程的内在目标，重构多元化、层次化及个性化的课程目标。

根据斯塔克关于课程目标的定义，大学外语课程目标是指在外语学术计划方面，全日制综合性大学非外语专业本科生需要学习的知识、技能和态度。该定义首先表明在内容上，大学外语课程目标是多元化的，包括知识类目标、技能类目标和人文素养（态度）类目标。课程目标的多元化并不是指全面化或者均衡化，而是根据课程的主体学生的需求选择、衡量和决策哪些知识、哪些技能和哪些人文素养在本科阶段具有优先性和必要性。首先，在大学外语基础阶段，因为高中阶段应试教育的弊端，学生需要弥补语言知识和技能方面的欠缺，所以大学外语课程遵循通识教育的“基础性”与“补救性”原则，目标主要落实在知识和技能两方面。根据问卷调查和访谈，学生认为在基础阶段最需要掌握的是“外语交际能力”，其次是“语言知识（词汇与语法）”，再次是“外语基本技能”，最后是“学习策略”。这表明学生不满足于简单的语言知识的记忆和听说读写技能的训练，而是要学会“在一定的情境中适当地使用语言的能力，即知道何时何地用何种方式对何人讲何话”，也就是海姆斯所说的“语言交际能力”。很明显，在语言交际能力的培养中，文化因素起着不可低估的作用。这是因为，文化渗透到语言和交际的各个层面。它体现于词汇中特殊的文化含义、某些独特的句法和语篇结构，以及更广泛的交际环境。换而言之，只有了解目的语民族的相关社会文化背景知识，才能够实现语言交流的可接受性、得体性和现实性，达到真正跨文化交际的目的。除了语言交际能力外，学生最希望实现的课程目标是进一步增加语言知识，尤其是词汇，及提高外语听、说、读、写、译等基本技能。如在英语基本技能方面，学生认为最需要掌握的是“说”的技能，其次是“听”的技能，这与《大学英语课程教学要求》(2007)提出的课程目标是一致的，即培养学生的英语综合应用能力，特别是听说能力。

在大学外语提高阶段，提升学生的人文素养应是该阶段的主要目标，也是大学外语课程的终极目标。根据问卷调查和访谈，在目标的实质内容上，学生对国际热点研究政治、经济、环境、科技等“外语国家的文化/历史”“外语国家的文学/艺术”“世界文明与文化”等人文知识和素养较感兴趣或认为最需要。在当代，全球化进一步促进了不同国家、不同民族间的社会交往，不同文化的特殊性及差异性在价值观念、宗教信仰、风俗习惯等方面日益凸显，各种文化相互碰撞、影响、冲突与融合变得更加激烈。学生意识到外语学习与当前世界范围内的文化热点与焦点问题休戚相关，深厚的人文素养和宽广的国际视野是他们未来从事国际化工作和在地球村生活的重要准备。

在性质上，大学外语课程目标应是确定性目标与非确定性目标的多元构成。然而，我国大学外语课程一直只重视确定性课程目标的存在价值，如知识类目标和技能类目标。例如，《大学英语课程教学要求》(2007)提出三个层次的英语能力要求，其中“一般要求”中“推荐词汇量：掌握的词汇量应达到约4795个单词和700个词组(含中学应掌握的词汇)，其中约2000个单词为积极词汇”；此外，在听力方面“能听懂语速较慢(每分钟130～150词)的英语广播和电视节目”，在阅读方面“能基本读懂一般性题材的英文文章，阅读速度达到每分钟70词”，在写作方面“能在半小时内就一般性话题或提纲写出不少于120词的短文”等。关于课程目标中“增强其自主学习能力”“提高综合文化素养”却没有阐述具体教学要求。因此，课程实施过程中，大学英语课程目标往往是预设的、确定的、量化的，更多地指向语言知识和技能的发展，而不是人文素养的提高。事实上，任何课程都具有复杂性、情境性和动态性的特点，大学外语课程也不例外。虽然大学外语课程作为一种制度化行为，有必要预先确定课程目标，但是在具体的课程情境之下，确定性目标必然会发生变化，或调整，或超越，走向非确定性。大学外语课程目标不仅要关注认知和技能方面的确定性目标，更要关注情感态度方面的非确定性目标，后者是指向人的主观精神世界的，如跨文化意识、理解与包容异质文化的态度、批判性思维、价值观、世界观及审美意识等。因为大学必须把学生作为一个完整的人来教育而非一些支离破碎的知识传授的对象。同样，课程决策者不能用一种操作性的术语来定义所有目标，或者将它们表达成一种可量化的目标，因为对情感态度进行量化不仅是危险的，而且也是不可能的。

再者，在以上两点的基础上，大学外语课程目标在形式上应是行为目标、生成性目标和表现性目标的多元构成。“行为目标”是以具体的、可操作的形式陈述的课程目标，它指明课程结束后学生身上所发生的行为变化。它具有精确性、具体性、可操作性的特点。目前，我国以知识类和技能类目标为主的大学外语课程目标多采用行为目标的形式。“生成性目标”是在教育情境中随着教育过程的展开而自然生成的课程目标，最根本的特点是过程性。它是问题解决的结果，是人的经验生长的内在要求，因此培养学生自主学习能力和解决问题能力采用生成性目标形式比较有效。“表现性目标”则是指每一个学生在与具体教育情境的种种“际遇”中所产生的个性化表现。它追求的不是学生反应的同质性，而是反应的多样性；它尊重学生的个性差异，强调学生的个性发展和创造性表现，因此，提升学生的人文素养目标较适合采用表现性目标形式。在通识教育理念下，我国大学外语课程目标应更多采用生成性目标和表现性目标形式，因为二者都是以人的自主发展作为课程目标取向的根本，重视学生的自主性、个体性和创造性。而且，学生的自主学习能力的培养和人文素养的提升等高层次目标在本质上具有不确定性、不可操作性及不应控制性，采用生成性目标和表现性目标形式表明了一种开放的课程观，不强求统一的规格和标准，而是视教师、学生和课程情境的具体情况来关注课程活动及其结果的个体性、差异性与多样性。

此外，大学外语课程的多元目标之间不是平行而列的，而是有层次之分的，其态度类（即人文素养类）目标高于知识类目标和技能类目标。在通识教育理念下，大学外语课程目标作为通识教育的子目标之一，最终任务是帮助大学生建构完善的心智结构，促进其个体的整体人格的发展。因此，人文素养类目标应是大学外语课程的终极目标，超越并引领知识类和技能类目标。潘光旦教授曾指出，如果学校培养的只是有一技之长，但无人文情怀而又自以为是的专家，这样的人只能“是一个畸形的人、零碎的人、不健全的人”。现状调查表明，目前我国大学外语课程过于专注知识和技能目标，忽视人文素养目标，不利于学生的整体人格发展。在全球化进程中，面对日益激烈的国际竞争和纷繁复杂的国际环境，学生掌握单纯的外语知识及应用技能已经不再是一种强大的优势，而是未来生存的最基本的质素，只有深刻了解其他民族的文化、具备深厚的人文素养和宽广的国际视野，才能在未来社会生活中成为引领时代潮流和社会发展的栋梁人才。根据知识的逻辑性和学生的心智发展水平，大学外语课程的每一类目标又需要进一步划分出不同层次。关于知识类目标（语音、语法、词汇、篇章等）和技能类目标（听、说、读、写、译）的分层，已经有很多相关语言学和应用语言学研究成果并且得到广泛的应用，在此就不赘述。关于人文素养类目标，可以宽泛地分成人文知识和人文精神两个层次。狭义地讲，人文知识是指一系列关乎、解释和研究人的观念和行为的各个学科的知识;广义地讲,人文知识研究的是一种思维模式,是人类对整个客观世界的反映,是我们考察和探索人类总体经历的工具,更是我们认识和摸索人类个体经历的方法。人文知识的学习是提高学生自我意识和人性境界的必要条件,但是,人文知识的学习不能仅仅停留在获取有关人文知识的层面上,而应升华到涵养和充实人文精神的高度。

同时,在具体的课程情境下,尤其是学生的特征和需求有很大差异性时,大学外语课程目标必须是个性化的,而不是统一化的。与中小学基础教育不同,高等教育是一个庞大而复杂的组织结构,由不同层次、不同性质、不同任务的高等学校和机构组成。《大学英语课程教学要求》(2007)也明确提出,鉴于全国高等学校的教学资源、学生入学水平以及所面临的社会需求等不尽相同,各高等学校应参照课程要求,根据本校的实际情况,制定科学、系统、个性化的大学外语教学大纲,指导本校的大学英语教学。个性化的大学外语教学大纲首先应表现在个性化的课程目标上。而且,在同一所高等学校内部,不同禀赋、兴趣和专业方向的学生在大学外语方面有着不同的学习目标,因此大学外语课程必须通过学生的学习目标的实现来达到自身的目标,而不是重新设定或者替代学生的目标。例如,南京大学本科生根据个人发展志向及职业规划,主要选择"学术专业类"、"交叉复合类"和"就业创业类"三条个性化发展路径。该校大学外语课程秉承"适宜学生发展的,才是值得我们追求的"这一本科教学改革宗旨,尊重学生的个性选择,针对不同类型的学生发展路径决策不同层次、不同模块的个性化课程目标,贯彻因材施教的原则。此外,综合性大学还包括一些特殊院系和专业,如 5 年、7 年、8 年制医学院,拔尖人才培养项目及对外语有更高要求的非外语类院系,如海外教育学院、商学院、法学院的涉外法律专业等。针对这些特殊需求,大学外语课程同样需要做出科学、系统、个性化的目标决策。

第三节 课程内容的改革

一、以语言能力为基础,将课程内容决策提升到文化素养层次

为了实现提升人文素养的终极目标,大学外语课程应将现阶段停留在语言学习层次而强调语言运用能力的外语课程内容的决策,提升到文化素养的层次。就 21 世纪"知识经济"和"终身学习社会"的新时代而言,这种"文化素

养”正是美国哲学家胡克(Hook)所说的“最低限度的不可或缺的教育”,也是21世纪高素质人才不可或缺的素质。我国学者桂诗春也认为,在抓好语言能力培养的同时,要具有广博的文化基础,要有较高的文化素养。因为语言始终是一个外壳,语言再流利,没有内容和内涵,仍然是无法交际的。

外语课程内容的决策提升到文化素养的层次意味着:学生不能单纯地学习外语语言,不能只停留在掌握听、说、读、写、译等基本技能上,而是要通过汲取外语承载的广博的人文知识充实和涵养他们的人文精神。因为讲外语本身是一种跨文化的行为,这不仅牵涉大量相关知识,还必须有看待问题和分析问题的立场和方法。如果学生人文知识不足,缺乏看问题的恰当立场和方法,他很可能只会讲一些皮毛的东西,他的外语也不可能非常准确;他甚至发现脑子里一片空白,没有东西可说。目前,这已经是我国大学包括研究型大学的本科生在外语学习方面普遍遇到的障碍:即使已经掌握了所有语法知识和语言现象,也无法理解某些思想内涵深刻的外语原文,因为不了解相关人文知识和背景。例如,“He suffered from an Oedipus Complex.”,如果学生不了解古希腊的著名悲剧,也没有听说过索福克里斯,更不知道心理学家如何把这个典故用于人的心理分析,那就很难理解这句话的含义。

而且,问卷调查和访谈结果显示,我国研究型大学的本科生最喜欢大学外语教材中“人文学科”方面的内容。他们喜欢阅读富有哲理或者引人深思的散文、随笔和文学经典原著,或者是体现异域风土人情、礼仪风俗的文本媒介,在优美、幽默、感人的文字欣赏过程中体悟人生、升华情感、丰富自己的精神世界。并且,他们希望在课堂面授中教师讲授最多的是“人文知识”,例如文章或作者的背景知识、某些词汇或表达法所蕴含的典故、外国文化习俗、新鲜有用的人文理念和智慧的火花,而不是语言点的枯燥讲解与操练。由此可见,学生对大学外语课程内容中人文知识的获取及自身人文素养的提升有着强烈的内在需求。

当然,深厚的语言功底是学生获取博大精深的人文知识的必要前提。通过掌握外语的语言知识和技能,尤其是英语这一国际通用语,学生才可以走出区域性的文化传统,从一个新的视角、新的高度去探究天下人文万象,去了解不同历史语境下的人文精神,去挖掘人类历史各个领域的宝藏,从而进一步去探索人类社会发展的规律。事实上,我国研究型大学的绝大多数本科生在高中阶段就已经打下扎实的语言基础,语言能力达到《普通高中英语课程标准》的优秀水平。因此,进入大学后,他们应尽早地利用自身英语优势冲破本土语言的束缚,去了解异质的文化传统、行为方式及思维模式。与此同时,对异质文化的了解势必引发对本土文化的反思，从而实现全球多元文化相互学习、相互促进的目的。研究型大学具有学科齐全、课程设置多样、师资力量雄厚、学术环境优越等优势，具有将外语课程内容提升到文化素养层次上的文化环境和师资条件，这也为学生获得丰富的人文知识的滋养和高雅的文化氛围的熏陶提供了必要的保障。

二、以真实性为原则，将文化三维框架纳入课程内容决策过程

语言是传播文化的媒介，不仅是文化的重要组成部分，而且是文化的一种表现形式。同时，语言本身也是文化的产物和一种文化成果，语言中积淀了大量的文化现象。语言是一种载体，承载思想、情感、意义、传统、习俗、思维、心理等众多文化成分。不同的语言反映不同的文化，语言是民族文化的重要标志。历史悠久的文化主要是靠语言来传承的，人们生活中各种各样的社会文化活动也是靠语言来实现的。语言除了作为交际的工具传递文化观念、社会习俗外，其结构形式本身也凝聚一定的文化内涵。语言不能脱离文化而存在，语言的理解和使用都是以特定的文化背景为依据的，而每个民族的文化又必然在其语言中有所体现。失去这样的依据，离开这样的背景，语言就会失去生命。

尽管，文化在外语课程中的重要地位得到越来越多的重视，但是根据问卷调查和访谈，目前在我国研究型大学的外语课堂教学中，文化仍处于边缘地位，或被看成听、说、读、写技能之外的第五项技能。教师按照自己的理解讲授文化内容，如解释与课文内容或作者相关的文化背景知识、课文下方的零星的文化注释等，缺乏系统性，且随意性较大。那么，文化内容应该如何融入大学外语课程内容中呢？美国《外语教育国家标准》给我们提供了一个既易于理解又易于运用的文化内容框架。它在关于“文化”的标准中提出，文化主要有三个相关联的维度：产品（products）、行为（practices）和观念（perspectives）。具体而言，产品指一种特定文化的可触摸的或不可触摸的事物。行为指文化成员的个人行为或与他人交往的行为，包括交流的语言和其他方式、与社会群体相关的行为及文化的使用等。这些行为既有语言的，也有非语言的，包括在各种社会环境中交流的时间、空间和情境的表达等。行为也涉及恰当性和非恰当性意念，包括禁忌。观念指产品背后的指导人们行为的认知、信仰、价值观及态度。这些观念可能是明确的，但常常是不明确的，在意识之外的。总的来说，观念提供意义并构成了对待生活的独特视角——一种世界观。

大学外语课程决策者可以利用以下来自目的语国家或地区的资源选择反

映文化产品和文化行为的课程内容，如民谣、电影、杂志、报纸、电视节目、网页和在线媒体、歌剧和舞蹈、体育比赛、音乐和音乐视频、票据、手册或广告、照片和艺术品等。以上这些材料都必须遵循“真实性”原则，即所有材料都必须来源于现实生活或现实世界，而不是理论建构或虚构事例，尤其是当这些材料用于课堂教学时。在此，“真实性”原则还蕴涵了文化的一个重要特质——“非永恒性”，即文化处于一个不断的演变与变化过程。文化的本质是动态的，不是静止的，反映的是特定人群的不断演进的生活方式。虽然文化产品、行为和观念具有一定的历史和传统，但是文化中的人在不断地、积极地创造与改变文化产品、行为和观念。因此，教师接近文化时，文化似乎是静态的，但是，教师需要认识到这种静态的相对性，并理解文化内容的教学相当于一种探索发现的过程，而不是一种静态信息的呈现。

换一个视角来看，文化产品和文化行为相当于我们常说的“物质文化”，而文化观念则相当于“精神文化”。物质文化是具体的，看得见、听得到或摸得着的，是精神文化的表现与反映；精神文化往往是抽象的，可感觉、体悟或领会到的，是物质文化的基础与支撑。虽然就“物质文化”和“精神文化”而言，我们更注重精神文化对物质文化的支配作用，但是物质文化——文化产品和文化行为是大学外语课程文化素养层次的基础内容，让学生从了解具体的事物与现象开始，逐渐地领会事物与现象背后的原因，即抽象的精神文化——文化观念，更符合学生的认知水平的发展规律。文化产品和文化行为的内容广泛且繁杂，但是教师不需要掌握目的语文化三个维度的所有知识，而是要促使学生观察、判断（产品、行为）直到形成观念，这将不仅引导学生形成对目的语文化的理解与包容的态度，而且具备多样的、批判的思考能力。

产品和行为等文化中的物质部分多数是人为的，易变的。而且，政治、经济和教育制度等是一种社会运作，也是人为的，同样会产生迅速而巨大的改变。但是，文化中的习俗（或称民俗，folklore）部分较为稳定。民俗是通过传统——口头的或风俗习惯的形式流传下来的材料。它可以是民谣、民间故事、谚语或以文字形式保存的其他材料。它可以是传统工具和物体，传统的装饰物，或者是传统的象征物，也可以是传统的行为，也可以是传统的思想。民俗能够鲜明地反映特定人群的态度，它的持久性表明了它对于特定人群的合理性和有效性。因此，精心选择的民俗材料能够反映一个国家人民的思想和行为的重要文化主题。有学者建议，在大学外语课程的基础阶段，民俗是为那些具有一定语言基础并对目的语文化感兴趣的学生打开的一扇门，引导他们通过对目的语文化的产品和行为的了解进一步提高语言运用水平。

观念，也称世界观，是文化中最深层也是最稳定的部分。这里的世界观不是指政治观点和信仰，而是泛指一个民族或文化观察事物的角度、思维方式和价值观念。例如，美国人对于个体独立性和自主能力的崇尚由来已久，从西部拓荒时代一直延续至今。又如，中国人从孔夫子时代就有注重“人伦”的传统，现代中国社会仍比西方社会更重视亲情和关系，只是程度和表现方式有所变化而已。与产品和行为相比，文化观念的惰性最大，往往落后于其他两个维度的变化。在学习文化内容的过程中，学生可能会对零散的文化产品和行为难以记忆和把握，而且产品和行为又易于变化。因此，理解了一个民族的总的思维方式和价值倾向，就较容易理解和解释现有的文化产品和行为。有人说，纷繁芜杂的文化产品和行为犹如一个个零散的珠子，而文化观念就如串珠子的线。而且，文化观念维度的学习也会帮助学生对文化产品和行为方面的内容进行高层次的加工和整合，在增加文化知识的同时提高文化素养。

三、以文学经典为素材，将目的语民族人文精华融入课程内容

文学是人文学科的核心与精华，在形式上是语言的艺术，在思想内容上是对人的生存状态和存在价值的探寻，其人文内容涵盖了人类文化的方方面面。它以神话为渊源，以宗教为土壤，以哲学为灵魂，以政治、伦理及道德为其社会功能。文学通过人物形象的塑造，表现了人对自我、客观世界的态度和认知。

学文学是学语言的自然延伸。语言与文学乃为一体，如果有区别的话，文学可谓更为精粹的语言。在大学外语课程的提高阶段，选用目的语民族的文学经典作品不仅可以促进学生的语言能力的提高，而且可以有效地提升其文化素养。文学是追求真、善、美的艺术，阅读文学经典有助于培养学生的审美情趣，树立崇高的审美观念。生动活泼的语言、丰富深邃的思想、肺腑感人的情感、独特有序的结构等，与悠久迥异的文化背景一起浓缩在文学作品中，能激发学生的学习兴趣，使他们享受无穷。此外，学生理解了目的语民族的文学精华，更有利于认识该民族的精魂，也便于在今后生活和工作中进行日益频繁的跨文化交流。

哲学家张汝伦认为，人文教育是通过文史哲的学习，通过对人类百年积累下来的精神成果的吸纳和认同，使学生有独立的人格意志，有丰富的想象力和创造性，有健全的判断能力和价值取向，有高尚的趣味和情操，有良好的修养和同情心，对个人、家庭、国家、天下有一种责任感，对人类的命运有一种担当。“人类百年积累下来的精神成果”，即那些最有价值、历经沧桑传到今天的伟大

思想，既是经典，也是后人成长的源泉，其表现形式就是经典作品，文学经典概莫能外。在大学外语课程内容中，“文学经典”是指全社会，尤其是学术界公认的，经久不衰、流传于世的不朽文学之作。大学外语课程应该顺应并且利用回归经典阅读这一通识教育改革契机，发掘外国文学经典原著这一重要的人文教育资源。

第四节　课程组织的改革

一、以连贯性为原则，建立从语言主导到内容主导课程的连续统

目前，我国研究型大学的大学外语课程纵向结构上主要由基础课程和高级课程两个相对独立、界限分明的层次构成。这种简单二元式的课程结构将语言知识的传授、听说读写等语言技能的训练与人文知识的架构、人文精神的培养隔离在两个独立的空间内，不仅导致大学外语课程体系内部的语言、文化、文学等科目之间的相互隔离，也导致大学外语课程体系与其他学科体系之间的完全割裂。这一现状严重影响了学生在外语课程方面的知识、技能和素质的综合全面发展，而且与通识教育培养“完人”的核心理念背道而驰。因此，当前打破大学外语课程结构内外部的隔阂，建立课程的连贯性(coherence)是我国大学外语课程改革的重要路径之一。课程的连贯性，即某些科目有其先后顺序的连贯，同时又有其左右次序的连贯，在纵横之间有其位阶的。根据大学外语课程内容中语言、文化、文学三者之间的关联性，遵循课程的连贯性原则，将大学外语课程的纵向结构建构成从语言主导课程(language-driven curriculum)到内容主导课程(content-driven curriculum)的连续统(continuum)(图 6-1)。

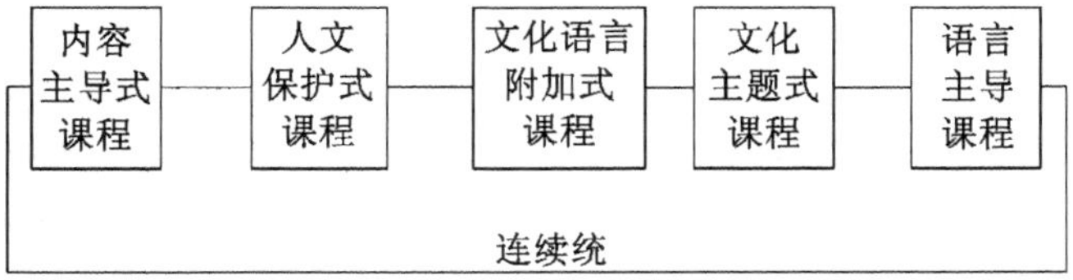

图 6-1　从语言主导课程到内容主导课程的连续统

位于该连续统底端的是语言主导课程。语言主导课程的主要特征在于：第一，课程的主要目标是增加学生的语言知识(如词汇、语法、句法、语音、修辞等)

和提高语言技能(如听、说、读、写、译等),而不是内容的学习。第二,虽然语言主导课程的核心不是内容学习,但是蕴含丰富人文知识与人文精神的文化、文学作品则是语言知识与技能学习的载体。因此,课程内容选择反映目的语民族文化的真实材料或媒介作品(文字的、图片的、录音的、录像的等)。第三,学习评价的决策以语言知识与技能为核心,不关注内容的学习成果。在该连续统顶端的是内容主导课程。内容主导课程的主要特征包含:第一,以具体的专题(如历史、文化、艺术、环境、科技等)内容为核心,而不是以语言的形式、功能与技能为中心来组织课程。第二,课程内容选自目的语民族的真实作品或媒介材料(文字的、图片的、录音的、录像的等)。虽然学习活动的重点在于理解并传达有意义的信息,但是学生在用真实的语言完成真实的任务的同时,提高了语言运用能力。第三,学习内容和学习活动的决策符合学生的语言、认知及情感的需要,以及他们的学习目标和个人兴趣。在语言主导课程与内容主导课程之间还有几种语言与内容相融合的课程组织模式。

第一种是文化主题式课程。文化主题式课程围绕一系列的文化主题或者一个文化主题的多个方面展开,目标是围绕主题或话题传授语言知识及训练听、说、读、写等语言技能。因此,文化主题式课程在以上课程连续统中是接近语言主导课程这一端的,适合于大学外语基础阶段水平的学生。文化主题式课程意在根据学生的需求选择反映目的语文化的主题或话题,围绕主题或话题选择真实材料,如反映目的语文化产品或文化行为的杂志或报刊、影视作品、图片、艺术品等,从而激发学生的学习兴趣与动机。文化主题式课程中外语教师可以独立承担教学任务;或者一个或多个(负责不同主题或话题)外语教师共同承担。在文化主题式课程中,主题是为各种语言知识和语言技能服务的,使主题融合到语言知识和语言技能的教授中。学习评价往往以语言水平测试加过程评价如课堂任务的完成、主题写作或主题演讲等手段来进行。

第二种是文化—语言附加式课程(culture-language adjunct courses)。文化—语言附加式课程的目标是既发展学生的语言水平又使其掌握有关目的语民族的人文学科内容,语言水平目标与文化内容目标是同等重要的。因此,该种课程模式应该处于以上课程连续统的中间位置。语言是文化的水库,语言教学与众多人文学科领域和社会文化领域是相互交叉融合的,外语课程的先天人文特点决定了它具有从事通识教育的独特优势。在文化—语言附加式课程中,文化内容的教学不仅仅局限在经典文化领域,如某一目的语文化中的哲学、宗教、艺术和伦理道德等,而是拓展到更宽泛的大众文化领域,通过诸如对现代性、权力、种族、性别、传媒、性别、视觉文化、大众媒体等众多社会文化问题的探讨，吸收众多人文学科甚至社会科学的知识。文化—语言附加课程是将特别设计的语言课程与人文学科课程结合起来。课程教学可以由具有文化研究学术背景的外语教师独立承担，或者是外语教师与人文学科教师相互合作共同承担。当然，后者的难度较高，人文学科教师的任务是传授文化内容，而外语教师则以文化内容为背景进行语言教学，辅助文化内容的理解与吸收，两个不同学科背景的教师之间需要密切配合和同步协调。文化—语言附加式课程的优势在于可以同时实行多个通识教育目标，既能促进学生的语言表达能力，又能拓宽学生的视野，增强其批判性思维能力。另外，该模式课程不是纯粹语言教学，因此，它要求一支知识全面、外语素质过硬的师资队伍。

第三种是人文保护式课程（humanity sheltered courses）。人文保护式课程是将语言作为人文学科的学习工具，目标是使学生掌握人文学科知识而不是语言知识，意在通过可理解性的输入习得语言能力。在此，人文学科的学习主要指有关目的语国家或民族的历史、文化、文学、艺术、电影、宗教等人文领域知识的学习。因此，该模式课程在以上课程连续统中的位置接近内容主导课程一端。人文保护式课程适用于大学外语提高阶段的学生，他们已经具备较高的外语水平，不满足于单纯的语言知识灌输和语言技能的训练，而是希望利用自己的外语优势获取博大精深的人文知识，了解异质的文化传统、行为方式及思维模式，最终提升自身人文素养。该模式课程要求教师既要精通某一人文学科知识，又要能熟练运用目的语进行可理解性讲授，借助阅读、视听欣赏、讨论等语言技能的运用，使学生理解、掌握人文学科知识。因此，较难找到适当的授课教师是该模式课程的难点。为了解决师资困难问题，可由拥有学科知识的教师与语言方面的专家进行合作教学。此外，人文保护式课程以测试人文学科知识掌握程度来考查学生语言水平，不会进行单独的语言水平测试。

以上这三种课程模式仅是该连续统上具有代表性的课程模式，不是所有的课程模式。大学外语课程决策者可以根据课程的具体情境，如学生的特征、需求和兴趣，设计出其他有特色的语言与内容相融合的课程模式或者是以上三种课程模式的变体。然而，将这些不同课程模式串联起来、使大学外语课程内容得到有效组织并相互强化的是课程的连贯性原则。连贯性是一种不断演变的社会建构，并不是所有理性的行为与思想必须去适应的直线形封闭式框架。过去，大学外语课程组织受结构主义语言观和功能主义语言观的影响，课程结构的设计以语言知识的传授和语言交际技能的发展为线索，忽视语言的人文知识内涵和对学生情感、态度、价值观等人文素养的培养，因此语言主导类课程似乎成为外语课程的代名词，外语课程结构也是按照直线式、确定性和可控制的方向发展。然而，连贯性被称作“反叛的天使”——促进学习但是逃避控制，强调课程组织给学生提供更多的机会以了解不同的因素、主题或思想是如何联系起来、如何适用于社会情境和人们的反思中。现在，随着人们对语言本质及外语课程在大学通识教育中的定位的深入了解，使大学外语课程中语言、文化、文学的多元内容相融合，建立由语言主导课程向内容主导课程连贯发展的课程结构体系，是学生个体经验和兴趣的要求，是他们适应未来全球化多元文化社会生活的要求。

因此，目前我国大学外语课程，尤其是研究型大学的大学外语课程，增加“文化—语言附加式”和“人文保护式”内容主导课程是必然趋势，向学生传授“百科知识”，提供“智识挑战”，使大学外语课程成为真正的“训练学生的心智和装备学生的心灵”的通识教育课程。在此，内容的选择需要从学生的水平、兴趣、发展路径等出发，例如，根据问卷调查和访谈，我国研究型大学的本科生对“国际热点研究（政治、经济、环境、科技等）”“外语国家的文化/历史”“外语国家的文学/艺术”“世界文明与文化”等内容更感兴趣；或者根据大学通识教育按学科大类培养的方案，按照学生在理工、社科、文史和经管大类学科背景下的不同发展路径，设计出反映不同文化产品、行为和观念的内容主导课程。这样，在学生个体经验差异化、发展路径多样化、文化内容动态化的基础上建构的连贯性的外语课程结构必然具有不确定性、模糊性和动态性特征。

二、以整合性为原则，促进课程横向结构建构性生成

学生不仅要学习各种知识的零散片段，更要学会建立知识之间的关联性以及知识与他们未来生活之间的关联性。但是，没有明确的课程组织及相应的指导，学生自身是不可能建立知识之间及知识与他们未来生活之间的关联的。我国大学外语课程组织仍是按照传统的“学科模式”，即根据外语这门知识学科包含的特定的概念、含义、方法所构成的一套基本结构，遵循从简单到复杂或者从部分到整体等原理安排课程。学科模式着重与一门学科建立联系，而非与学生发展的兴趣、社会问题或其他学科建立联系。美国课程论专家麦克尼尔（McNeil）认为，把知识置于完好的整体结构中以及程式化思维是有害的，因为其他人不得不做出调整、被动地去适应该模式；在此，课程计划成为控制的工

具，当学习者力图对尚未整理的新想法加以联结和应对意外之事时，课程计划就成了一种障碍。目前，我国外语课程组织的学科模式不仅使外语课程改革局限于课程结构的纵深研究与实践，缺乏课程结构的横向研究与实践，而且还越来越不利于形成学生完整的知识体系和走向"完人"的目标。因此，突破大学外语课程组织的学科模式的圈囿，使大学外语课程与其他学科课程、与社会、与学生之间走向整合是当前大学外语课程改革的重要策略之一。

首先，建立外语课程与通识教育课程体系中的其他学科课程的整合。布拉兹(Brazee)和卡布鲁迪(Capelluti)认为，课程整合是建立在整体学习观基础上的，认为学生必须将课程看成一幅巨画，而不是一块块碎片。整合的课程是忽视传统学科界限的，探索与学生自身十分相关的问题。课程整合的原则也是尊重知识是普遍联系的原则。大学外语课程作为人文学科课程之一，其概念、方法、原理与人文学科领域其他课程或其他学科领域课程的概念、方法、原理有一定的共通之处，因此，加强大学外语课程与其他学科课程之间的联系、渗透、交叉与融合，能够使学生学到的各种知识、技能与价值观得到相互作用和强化。

大学外语课程与其他学科课程之间的整合可以遵循以下原则：① 促进学生在学科内容的知识、技能和理解方面的进步；② 使学生参与相关的认知处理；③ 使学生在交际情境中互动；④ 使学生发展适当的语言知识和技能；

简而言之，大学外语课程与其他学科课程的整合意味着学生在学会恰当地使用语言的同时有效地利用语言去学习，将内容(content，即其他学科内容)、交际(communication，即语言学习和使用)、认知(cognition，即学习和思考过程)和文化(culture，即跨文化理解和全球化公民意识)有机地融合在一起，形成一个4Cs框架。(图6-2)

其次，建立大学外语课程与社会的整合。进入21世纪，世界各国和地区在社会、经济和政治等方面的联系更加密切，彼此更加依赖。研究型大学的通识教育目标是将本科生培养成全球化社会的领袖人物，他们不仅必须对影响世界的议题如全球变暖、贫穷和全球性流行病、文化冲突等具有广博的知识，而且要有一定的外语知识与技能去主动地利用这些知识影响世界。因此，将大学外语课程与社会相整合以培养学生的全球化意识和跨文化能力变得越来越重要。美国研究型大学杜克大学(Duke University)从2010年开始实施了一个新的课程方案——海外学期(global semester abroad)，每年春季联合海外(主要是非西方国家)的姊妹院校开设为期13周的海外学期课程。该课程旨在使学生通过比较研究两个不同国家、不同区域或一个国家的两个不同地区面对同一个重要

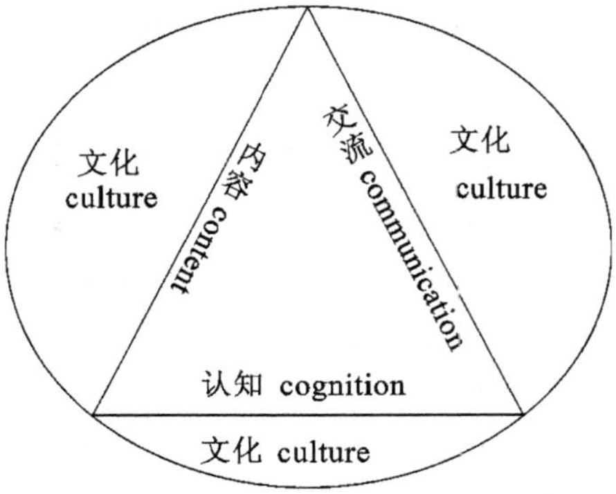

图 6-2　外语课程与其他学科的 4Cs 整合

的全球性议题或者挑战，提高自身作为世界公民应具备的知识、技能和态度。海外学期课程均授予学分。该课程方案在两个地点同时进行：前 6.5 周，一半学生在 A 地，另一半学生在 B 地；后 6.5 周，两组学生交换地点。该课程整合学生的海外留学课程与在校课程，聚焦全球性热点议题，提供给学生沉浸于本土情境进行外语学习、田野学习和比较研究的机会，更好地促进了他们的跨文化能力和全球化意识的发展，并使学生学会了调和文化差异、理解和尊重多元文化。我国北京大学和复旦大学这类国内一流研究型大学的国际化程度日益提高，学生不仅在校内有与不同语言、文化和背景的人交流的机会，而且有通过交换生项目、海外短期留学等跨出国界学习的机会。例如，复旦大学国际关系与公共事务学院每年都派学生到国外修读相关课程，每年还举办一次国际性的专题研讨会，邀请世界各界精英举办系列讲座。因此，当前我国研究型大学应建立大学外语课程与社会之间的整合，让学生在开放、合作、体验的真实环境中，与世界各地不同背景的学生和专家利用外语进行交流，从而促进对世界各民族、各地文化的理解，在提升学生爱国主义情操的同时，开拓其国际化视野。

最后，建立大学外语课程与学生的整合。课程与学生之间的整合主要是从学生的认知层面和情意层面考量课程组织的。然而我国大学外语课程组织的学科模式明显地侧重学生的认知层面，如强调语言知识（尤其是语法）的系统性、语言技能的全面性等，很少从情意层面考虑课程组织的合理性，即较少涉及大学外语与学生的兴趣、动机等之间的关联性。一个课程，如果学生对之兴趣索然，那么无论该课程质量多么高，对社会多么重要，学生在学习之后都很难达到目标。因此,学生的兴趣与动机和课程组织的关系非常密切。根据我国研究型大学大学外语课程的现状,在大学外语课程和教材的安排上,应该给学生创设一定的"问题情境",如当前世界范围内的文化热点与焦点问题,这样不仅使学生产生积极的思维活动,而且激发他们的学习兴趣。此外,课程与教材内容的安排上要有一定的新颖性。课程内容题材的呈现方式要多样化,除了传统的纸质教材,可以选择多媒体方式展示图片、影视片段、录音等。同时,配合"问题情境",在设计解决问题的步骤与方法方面不要遵循传统套路,而要有所变化,这样可以不断引起学生新的探究活动,从而可能在此基础上产生更高水平的求知欲。

三、以问题为切入点,拓展课程类型多元性选择

美国康奈尔大学前校长弗兰克·罗德斯(Frank Rhodes)认为,如果用一个词来形容大学所进行的教学、研究和服务等多种任务的独特方法,那么这个词就是"学术共同体"。他认为,"如今我们在学术共同体方面的缺失,既不表现为缺少一致,也不表现为缺少凝聚力,而是表现为缺少争论、缺少富有意义的对话以及缺少重要的交流。我们不单纯是共享同一空间的个体的集合,更重要的是,我们拥有着共同的基本关注和目标"。如果大学把恢复学术共同体的对话视为目标的话,那么最有效的途径就是课程——跨学科课程,以问题(专题)为切入点对大学外语课程进行创造性的设计,展开学科与学科、教师与教师、教师与学生、学生与学生以及大众与专业人士之间的多元对话,必然拓展大学外语课程类型的多元性选择。而且,对课程进行创造性的设计,可以作为激活和促进整个大学发展的途径。

以问题(专题)为切入点激发学术共同体的对话也是当前新课程景观的需要。来自不同学科的大学教师,如大学外语教师和历史、艺术、国际关系、经济教师等,他们不拘泥于教科书上单一的学科知识,取而代之的是,教师们学着相互交流,合作设计一门集中于解决一个问题或讨论一个专题的课程,他们使用彼此的学术和学科的语言,如文学/文化的语言、历史的语言、艺术的语言、社会学的语言或经济的语言。例如,哈佛大学的法语系与历史系、电影研究系、非洲研究系和艺术史系等合作开设了多种跨学科课程,以法语讲授课程,或者以法语讨论课程中某些特殊专题。

问题或专题是目前跨学科课程组织的核心点。波普尔提出,知识起源于问题。人类知识的发展就是从旧问题经过猜测和反驳进入新问题的过程。

能够提出问题才能产生新的知识，能够提出深刻的问题才能产生深刻的知识。因此，波普尔特别强调“问题”对学生的重要意义。大学外语课程组织面临的主要任务不仅是如何以合理的方法将外语的知识、技能和价值观传授给学生，更重要的是传授学生如何用所学的外语知识、技能和价值观去分析问题、解决问题并探索广阔的未知领域，培养他们的自主学习能力和创新精神。大学外语课程必须重视“问题”在设计多元课程类型方面的价值，因为它们是将学生的大学外语学术计划与他们的现实生活世界联结在一起的铰链。尤其在当今全球化社会，交流、对话、互动成为国与国之间、地区与地区之间交往的主旋律，大学外语课程只有置于全球化社会的大背景中，以诸多文化热点问题或社会问题为课程组织的起点，开设出多种类型的外语课程，才能满足不同兴趣、不同学术背景的学生的学习需求，才能使学生的学习摆脱真空世界，成为当下生活世界的一部分。

此外，大学外语课程以“问题”或“专题”为切入点开设多样化课程也是实现培养学生批判性思维能力这一通识教育目标的重要途径。在21世纪信息化时代，对于我国研究型大学本科生而言，运用外语“获取信息”已经不是问题，但是运用外语“解读和分析信息”才是更大的挑战，因此，思考能力尤其是批判性思维能力培养尤其重要。例如，在康奈尔大学，大部分新生要参加一门为期两个学期的外语写作课程。该课程要求学生在不超过17人的小组内先进行讨论。学生们从125个问题中选择5个他们最想讨论的问题，从古希腊悲剧到爵士乐，从全球温室效应到全球经济竞争。在大部分情况下，学生会被分配到他们最感兴趣的问题讨论组。这些讨论不仅帮助他们学习怎样写出一篇好的文章，而且加深了他们对自己感兴趣话题的理解。进入三、四年级的学生可以通过专业写作要求进一步发展自己的写作技能，这些要求体现在专门领域的高级课程中。

第五节 课程实施的改革

一、强化外语教学的听、说训练

外语的应用教育，首先应该是听、说的应用能力训练。教师要补充一些应用性、实用性好的教学内容，进行强化训练。

学校和教师要为学生提供合适的语言实践机会。国际上比较流行的实践教学方法有很多，比如德国的“双元制”模式，北美为主的CBE模式和英国的“三明治”模式，日本的方桌教学模式，这些模式都是强调理论与实践的有益结合。对于外语应用型人才培养来说，实践环节应该包括外语语言运用实践和专业技能实践，比较适合采用“三明治”模式。“三明治”模式教学法最早是在英国提出来的，即“实践—学习—再实践”的教学法，学生在“用中学，学中用”，通过不断磨炼，提高学习的积极性、主动性，巩固和提高语言水平。

外语语言实践可以与课堂教学交替进行，形式灵活，如观看外语原声电影，开办外语角，加强与外教、外籍学生的交流，到语言培训机构实践锻炼，到翻译公司、旅行社见习，做外语导游、志愿者等。此外，也应该创造条件让学生有机会与外国学生进行假期异国“一对一”交换学习，即相关语言国一名学生来中国，向一位中国学生学习汉语，中国学生再去对方国家学习外语。这样能充分锻炼学生的听、说、读、写、译等外语能力、交际能力等，也开阔了学生的视野。

强化外语的听说训练是培养外语应用能力的关键，也是大学外语教育的着力点。听说训练是应用能力培养的关键环节，也是培养学生对外语学习兴趣的重要环节。通常学生对外语不能产生兴趣就是因为没有“兴趣”，外语学习的兴趣恰恰源于听、说。如果有一定的听、说能力，能够用外语与外国人交流和沟通，那么，对外语学习的兴趣自然就会产生。

二、以学生体验为核心，建立“一点四轴”式教学模式

根据建构主义理论，学习应是基于体验或活动的，是关注学生内在的兴趣爱好的学习，以及关注学生的整体成长与发展的学习。体验学习的理念，指学生通过“做中学”通过积极地建构自己的知识而不是由教师将知识传递给他们。该理念应用于外语教学中，意味着绝大多数的教学过程应该为学生提供使用语言的机会。这些机会应是多种多样的，从练习对话到根据听力输入完成一幅图表等，关键是学生主动参与到学习中，而不是由教师主导学习过程。

目前我国研究型大学的大学外语课程主要采用基于课堂的教师讲授为主的传统教学模式，以教师为中心，强调教师和书本的权威性，忽视了学生的主观能动性，很少提供学生参与体验与活动的机会。这与强调以人为本的通识教育理念是不相一致的。通识教育理念重视学生作为“活生生的人”在教学过程中的主体地位，反对将学生看成静置的“容器”被灌输知识和技能。通识教育呼吁人性化的建构主义倾向的教学模式。此外，基于课堂的教师讲授为主的单一教学模式，从生理上讲，容易导致大脑刺激的单调从而使兴奋转化为抑制，降低学

习效率；从心理上讲，外语学习者，尤其是青少年，多活泼好动，喜欢变化，再好的模式重复太多都会使他们产生厌烦情绪。因此，注重学生的体验和活动，建立以课堂教学为中心点，以课外活动、网络社区、国际交流和导师指导为四个支撑轴的多元教学模式，不仅能激励学生主动学习，而且能提高学生的思维和行为的灵活性，使学习充满创造性，从而提高外语学习效率。课堂教学是中心，课外活动、网络社区、国际交流和导师指导是课堂教学的拓展与延伸。它们之间是相互联系、相互补充、相互支撑的关系。（图 6-3）

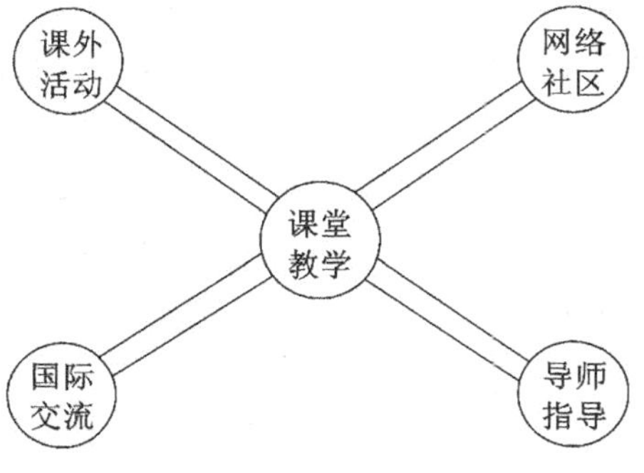

图 6-3　外语课程的“一点四轴”式多元教学模式

（一）课堂教学

课堂教学仍是课程实施的主战场。我国研究型大学的大学外语课堂已经逐渐地由“大班化”“组合班”转向“小班化”，每个班的人数在 35 人以下。但是，课堂教学模式仍然是“教师讲授为主＋适当的课堂语言实践”的传统模式，以教师向学生传授语言知识的单向交流活动为主，课堂语言实践活动主要是“问答”“课堂作业”等。然而，根据问卷调查，学生最喜欢的课堂活动有“讨论”“问答”“辩论”“演讲”“表演”等参与度高、体验性强、趣味性浓的活动。因此，我国大学外语课堂教学现状的转变主要取决于教学理念的转变，需要实现从以教师为中心、单纯传授语言知识和技能的教学思想和实践，向以学生为中心、既传授语言知识与技能，更注重培养语言实际应用能力和自主学习能力的教学思想转变，向以培养学生终身学习能力为导向的终身教育的转变。此外，为了保证“课堂教学”为中心点的核心地位，还要确保大学外语课程的一定课时。超过一半的学生认为，目前大学外语课堂教学时间“过少”，普遍赞同每周 4～6 个课时为宜。

（二）课外活动

杜威认为，学习不可能是被动的，它必须包含活动与互动，并且允许学生将课堂与现实世界联系起来。早在1995年，我国就提出了加强大学生文化素质教育的设想，力求通过课内外各种形式的活动，对大学生进行人文社会科学和自然科学的教育，提高大学生的文化品位、人文素质和科学素养。只有将课程中所学得的“知识”落实到“实践”层面，才能根治现代大学学术研究脱离人的生命之弊病。课外活动实际上是通识教育隐性课程的重要部分，具体做法就是将课程中所传授的各种知识与技能，与学生的生活情境或生命体验加以融会贯通。例如，哈佛的各个外语系组织了形式各异的课外语言学习活动，包括“语言餐桌”“剧场之夜”“语言俱乐部”等。这种基于活动的教学方式，帮助学生认识到他们课堂所学的和他们课外所做的之间的联系，使他们为今后生活做好准备。然而，我国大学外语课程相应的课外活动少之又少，甚至过去很多学校开设的“外语角”也早已消失了。学生将绝大部分课外时间花在各种外语考级或证书培训上，使自己成为“考试机器”和“语言操练工”。根据通识教育理念，我国大学外语教学必须充分发挥学生的主体作用，即使学生能动地参与到学习活动中来，而且与其他通识教育课程相比，外语课程特别具有表演性与实践性的优势，有利于激发学生的学习兴趣和热情。因此，课程决策者或教师要为学生创造表现自己的课外活动环境，设计丰富、有趣、多样的课外活动，如“外语影视沙龙”“外语戏剧节”“外语演讲比赛”“外语文化节”“外语交谈餐桌”等，使每一个学生都积极地参与到学习活动中，发挥个体的学习能动性和创造性，在使用语言的过程中学习语言、体验异质文化及发展交际能力等。

（三）网络社区

国际互联网和校园网络的快速发展，为学生提供了用外语进行实际交流的机会。在课堂教学之外，建立“网络社区”作为学生交流的平台，让学生在使用语言的过程中学习和掌握语言，互通思想观点，使语言交际能力的培养落到实处。而且更重要的是，以多媒体和网络技术为支撑的网络社区具有跨越空间进行实时或非实时交互的特点，为学生的个性化学习和互动交流提供了机会。网络社区这种教学模式反映了通识教育“以人为本”的理念，为每个学生提供了平等的学习机会，尊重学生之间的差异性，学生可以根据自己的学习现状、兴趣、习惯和策略在网络社区上选择适切的学习内容和活动。目前，我国大部分研究型大学的大学外语院系已经建立了语言学习的网络社区，但是它们还未能充分发挥“社区(community)”的作用，即学生与教师、学生与学生之间缺乏有效的互动、交流与交际。因此，网络社区作为信息化时代大学外语教学场域的一个新天地，应充分利用因特网和多媒体等现代通信技术，开设多种主题的网络互动平台，如语言技能运用类、异域文化交流类、文学影视欣赏类、时事评论类、校园生活类、科技探索类等，满足学生的兴趣和个性化学习的需求。此外，我国大学外语课程的网络互动平台要逐步实现实时与非实时交互，个人对个人与个人对群体交互、校园内与校际间交互及外语学习者与目的语使用者交互等多种类型共存，打破传统课堂教学的空间、时间、人数、资源、设备等的局限性，在虚拟世界的学习活动中发挥学生的自主性与独特性，发展他们的潜能。

（四）国际交流

国际交流包括海外留学、海外实习、国际服务项目等多种项目。近十年来，国际范围内特别是研究型大学之间的交换生项目、合作办学、共同研究、学分互认、资源共享等高等教育国际化活动一直方兴未艾。研究型大学开展交换生项目成为推行国际化战略的一个重要手段。由于我国是发展中国家，经济、科技、教育水平与世界发达国家差距较大，因此我国留学项目的主要目的是以学习外国先进的科学技术与优势学科，让学生通过在异国文化环境和社会氛围中的学习、生活与交流，养成尊重异国文化的心态，接受异国民族风格的熏陶，提高了解和研究国际问题的兴趣和适应国际环境的能力，造就深谙异国文化的国际性高层次人才。这与全球化时代的大学通识教育新目标——尊重和包容异质文化、拓宽国际化视野及跨文化交流能力是一致的。因此，我国研究型大学的大学外语课程应充分利用国际交流这一“沉浸式”教学模式，鼓励学生在真实的外语环境中学习并使用外语，切身体验外国文化，还可以借鉴哈佛大学和耶鲁大学的经验，将不同形式、不同内容的国际交流经历转换成通识教育中外语课程的学分。

（五）导师指导

导师指导指由学生个人与导师面对面地交流，注重陶冶价值观和思维方式而不注重罗列事实。它来源于英国的导师制，现在已经被许多国家的大学引入，成为大学通识教育的一种重要教学模式。这主要因为导师指导不仅有利于培养学生的批判思维能力、敏锐的洞察力和坚韧的探究精神，而且还提供了教师和学生之间个人交流的机会。然而，根据问卷调查和访谈，多数学生反映每周与教师面对面交流的时间很少，或者几乎为零，碰到问题只能自己解决或向身边同学请教，较糟糕的是很多问题被束之高阁，得不到有效解决。因此，将导师指导纳入大学外语教学模式，为学生的个性化学习提供一对一的帮助，使大学外语课程能真正实现通识教育使命。因为，每一个学生都蕴藏着极大的学习潜能，每一个学生都有自己丰富而独特的内心世界，在大学外语课程中，师生面对面交流指导使外语教师担当了言传身教以及促进学生在语言知识、技能和价值观态度等方面全面发展的职责，使大学成为教育的场所而不单纯是语言培训的场所。正如亨利·罗索夫斯基所认为的，“作为起模范作用的教师也是通识教育的一个至关重要的方面。一个具有高标准和善于关心人的教授在道德行为方面肯定会教给学生更多的超过该课时限的东西课程只是骨架，而它的血肉和精灵必须来源于师生之间难以预料的相互影响和交互作用”。1998年，美国卡内基教学促进基金会研究型大学本科教育委员会在《重建本科生教育：美国研究型大学发展蓝图》报告中建议，每个学生都要有一名导师，导师与学生之间一对一的关系对学生的智力发展会产生最有效的影响，个人的表现受到观察、纠正、帮助和鼓励，并强调这种形式应该在所有研究型大学推广。导师指导是大学外语课程实施个性化教学的重要模式。

总之，利用“课堂教学—课外活动—导师指导—网络社区—国际交流”这一“一点四轴”式的教学模式，期望学生能把在大学期间获得的各种外语学习经验和机会整合起来，将正规化学习与非正规化学习整合起来，将现实世界的学习与虚拟世界的学习整合起来，将校园内的学习与校园外的学习整合起来，将共性化学习与个性化学习整合起来，从而成长为语言认知、技能与人文素养全面发展的人。博耶委员会提出，研究型大学要为学生创造各种发展的机会，为学生创造出一种“整合教育”的经历。这些机会包括：通过探索进行学习的机会；言语表达技能的训练；提供欣赏艺术、人文、科学和社会科学的机会；为学生毕业后的发展做出认真的、全面的准备，不论是继续攻读还是就业；有机会与著名教授一起工作，得到他们的指点；有机会使用一流的科研设施；多个可供选择的学习和研究领域；有机会与处于不同水平的知识探索者进行交流。大学外语课程“一点四轴”式的多元整合的教学模式，涵纳了以上多样的学习机会，将有利于研究型大学造就一种特殊的人才：他们富有探索精神并渴望解决问题，拥有代表其清晰思维和熟练掌握语言的交流技巧，拥有丰富的、多样化的经验，这样的人才将是下一个世纪科学、技术、学术、政治和富于创造精神的领袖。

三、以折中主义混合原则，灵活择优使用主流交际教学法

语言本质的多样性和学生的不同学习需求、动机、策略和风格决定了外语教学的复杂性。每一种教学法只能强调或实现复杂性的某些方面，同时忽视或

不能实现其他方面。也就是说，任何一种教学法都不完全。因此，有学者提出我们已经进入了"后方法时代(post-method era)"，关键不在于设计与使用何种教学法，而在于最大限度上满足学习者的需求以产生最满意的学习效果。然而，任何行动都是受到一定的方法或理念的指导的，外语教学活动也不例外。库克(Cook)认为，现在语言教学需要的不是一种理想的教学法或者一种完善的理论，而是一个更大的框架，其中几种教学法并存。于是许多研究者开始构建语言教学法框架，其中库马拉华迪鲁(Kunaravadivelu)提出的"宏观策略框架(macro-strategies framework)"，能够粗线条地把握总体方向，保留教师更大的创造空间，设计出符合本土需求及满足学生需要的微观课堂。"宏观策略框架"具体包括：① 使学习机会最大化；② 促进协商交流；③ 使教师意愿与学生理解之间的差异最小化；④ 激活直觉启发式教学；⑤ 培养语言敏感性；⑥ 将语言知识放在语篇中传授；⑦ 综合各项语言技能；⑧ 提高学生自主性；⑨ 增强文化意识；⑩ 与社会生活和问题相关联。

在外语教学的宏观策略框架下，教师将体现建构主义与实用主义理念的主流交际法——合作语言教学法、任务型语言教学法和内容型语言教学法——结合在一起，即采取一种"折中主义(eclecticism)"的混合原则。"折中主义"在其他领域中指不囿于一种观点或风格，对不同的理论观点择其所爱或择优的一种做法。约翰逊(Johnson)认为，外语教学中的折中主义是对众多路子(approach)、方法(method)以及经常的教条主义的一种反应。这种观点认为，没有哪一种单一的路子、方法是适合的，许多路子、方法都包含有价值的内容，教师应该从每一种中选择最好的部分。因为，一方面所有的外语教学法都有一定的局限性，只能实现外语课程的一个层次或两个层次的目标；另一方面，有的学生会在完成一个个任务活动的过程中提高各项技能并获得更大的动力，有的学生则对在学习某一主题或学科内容的过程中提高语言能力感兴趣，单一的教学法不能满足学生的不同需求。有学者认为，如果几种教学法的"折中主义"混合是基于理性的，那么它就是可行的。

在指导教学法的宏观策略框架中，教师根据折中主义混合原则择优使用不同的教学法的应该要注意以下几点：第一，必须将情境考察与分析作为外语教学设计的起点，包括文化情境、政治情境、本校情境及教师与学生共建的课堂情境等。第二，教师应基于自己的判断与经验灵活地、创造性地使用外语教学法，并且及时地根据需要转变和调整所使用的教学法。第三，教师在教学初期阶段有必要学习主流教学法的相关原理、程序及技巧，以解决"生存阶段"的困难，增强教学自信心。当教师具备了一定经验与知识后，应该在确立的教学法基础上发展富有个性特征的教学法，反映出自己独特的观点、价值观、原则和经验。

四、了解学生特征，教学方法从如何教转向如何学

（一）了解学生特征

从20世纪80年代起，“以学生为中心”的教学理念开始进入外语教学课堂，人们对外语教学研究的重点从如何教转向如何学。这与近年大学通识教育实践中推行的以人为本的教学理念是一致的。该理念强调充分发掘学生的潜能，要求教师的教是为学生的学服务的，教学的根本目的就是提高学生的学习效率。要做到这一点，就必须先了解学生的特征，让不同的学生接受不同的教学方法，这样才能调动学生的主观能动性，使学生全方位参与学习过程，加强对自己学习的责任感。例如，我国研究型大学的非外语专业本科生具有的特征：成年的；高级水平的；具有强烈学习动机的；自主学习能力较强的。

第一，他们是成年的外语学习者。我国的非外语专业本科生在进入大学之前就已有至少9年的外语学习经历（主要是外语学习经历）。这些学习经历——无论是成功的还是失败的——都使他们对如何进行外语教学形成自己的观点。与儿童或青少年相比，成年的外语学习者有更多的生活经历，并将他们的生活经历带入课堂。他们对语言学习的重要性有着自己的理解。他们的注意力比儿童和青少年的注意力持续得更久。虽然成年的外语学习者不会像儿童或青少年那样需要游戏、歌曲、谜语等娱乐与认知相结合的教学方法，但是他们也会厌倦乏味无聊的课堂，特别是在全日制课堂或长期学习一门课程时。他们在轻松、有趣的课堂上往往会反应积极、活跃，例如包含猜谜、智力测验或学唱英文歌的外语课堂。

第二，他们是高级水平的优秀的学习者。无论什么年龄段的外语学习者，他们的外语水平总是参差不齐的。哈默（Harmer）将外语学习者总体上分成三个层次：初学水平（beginners）、中等水平（intermediate）和高级水平（advanced）。在三个层次之间，还可以继续划分不同水平层次。初学水平是指对外语一无所知、从零学起的水平。高级水平是指学生的外语能力很强，可以理解复杂的事实、小说并能与母语者流利地交流。中等水平处于这两个极端之间，指具备基本的说与写的能力，能理解较直白的听力和阅读材料。我国研究型大学的非外语专业本科生入校一般都要参加外语水平分级考试，大多数学生能进入中上层次（upper intermediate）和高级层次（advanced）。然而，中高级层次的学生会产

生高原效应(plateau effect),即看不到外语学习上的进步。因此,教师应该设计具有挑战性的任务,让学生知道还必须做什么。教师可以把重点放在文体风格和对得体性的感受、内涵和推理上,帮助学生更精妙地运用语言。

哈默还总结了优秀的外语学习者具有以下特征:① 愿意聆听。好的学习者聆听正在进行的一切,不仅是集中注意力,而且是真正地聆听正在使用的外语,满怀渴望地并有智慧地吸收所听到的。② 愿意实验。许多好的学习者不害怕“尝试一下”。他们乐于冒险,尝试新事物,观察成效。当然,不是所有成功的语言学习者都是外向型的,但是他们都迫切地愿意使用语言(有声地或无声地)。③ 愿意提问。虽然学生不断地提出较难的(并且有时是不相关的)问题会激怒一些教师,但是要了解“为什么”是成功的学习者的特点之一。好的学习者通过提问来明确语言的使用是否恰当。④ 愿意思考如何学习。当好的学习者自主学习时,他们会具有或发明自己的学习技能或策略。例如,他们思考最佳的记忆单词的方法、最佳的阅读方法(是慢速地翻译出每一个单词?或快速地抓住文章的主要思想?)、最佳的写作方法等。⑤ 愿意接受纠正。如果别人的纠正对他们是有帮助的,那么好的学习者会欣然接受。他们希望教师给予反馈:当他们做得好时,教师给予表扬;当他们做得不够好时,教师指导如何改进等。

第三,他们具有强烈的学习动机。20 世纪后半期,力德纳(Gardner)和兰伯特(Lambert)所做的一系列著名实验表明,对语言非常有热情的、想要融入目的语文化的学生比仅仅将语言作为一种工具(例如,找到一份好工作)的学生具有更强的学习动机,而且学习也更成功。换而言之,融入型动机(integrative motivation)比工具型动机(instrumental motivation)更有力。根据问卷调查,虽然我国研究型大学的非外语专业本科生在外语学习方面有工具型动机,如“使自己找工作时更有竞争力”和“为了出国留学”,但是,他们的融入型动机更强,希望通过外语学习了解外语国家或地区的文化,提高自身作为全球化社会的世界公民的个人技能和素质。教师的主要任务之一就是激发学生的兴趣,即使学生最初对语言学习不感兴趣。教师可以通过以下途径影响学生的学习动机:选择和调整主题、活动和内容;自己对课堂参与的态度、责任感、幽默感;自己的行为和热情。但是,教师不能对学生的学习动机完全负责。他们仅仅是通过语言和行为激励学生的动机。真正的学习动机来自每一个个体学习者自身。

第四,他们有很强的自主学习能力。根据问卷调查和访谈,我国研究型大学的非外语专业本科生在学习需求方面最不需要的就是“学习策略”方面的教学,因为他们认为自己已具有较强的自主学习能力,而且他们每周有 4～

6个小时的外语自主学习时间。狄金森(Dickinson)认为,自主学习能力强的学习者具有以下特点:① 能鉴别所教的内容;② 能提出自己系统的学习目标;③ 能有意识地选择和完成适当的学习目标并监测自己对学习策略的运用;④ 能鉴别对他们不起作用的、不合适的策略而使用其他策略,有较多的策略技能,有能摒弃无效策略的自信心并能试用新的策略;⑤ 能进行自我评价,即监测自己的学习。在外语学习过程中,很大比例的时间是用在“自主学习”上的。现在,我国绝大多数高校,包括研究型大学,建立了类似大学外语学习中心的自主学习教室或网站。学生通过自主学习中心的计算机或者自己的计算机进入学校建立的大学外语学习网站,利用网站提供的电子词典、学习软件、学习光盘、电子媒体数据库、视频和音频资料等进行自主学习。

(二) 从如何教转向如何学

我国大学外语课程教学从如何教转向如何学的改革必须以研究学生的特征与需求为起点。如果教师忽视学生的认知水平、动机兴趣、现实需求等因素,一味地将语言知识、技能训练强加给他们,认为这样就能使学生掌握外语,其结果往往事倍功半。建构主义学习观认为,学习是一个积极主动建构的过程,学习者不是被动地接受外在信息,而是主动地根据已有知识结构有选择地注意和感知外在信息,建构当前事物的意义。因此,为了提高我国研究型大学本科生的外语学习成效,根据他们的特征——成年的、高水平优秀的、学习动机强的、自主能力强的,他们不应是“机械的”、“灌输的”和“被动的”教学,而是要主动地进行“经验的”、“理解的”和“研究的”学习。

第一,经验的学习。根据美国哲学家、教育家杜威的思想,经验不仅仅是一种认识的结晶,而且是认识的活动和过程;经验不仅仅是接受某种结果,而且是尝试取得某种结果。经验也是体验、实践。作为一种实践活动、认识过程,经验可以训练人的认识和实践能力,提高生活的适应性。在杜威看来,“教育即经验的不断改造”“教育即生活”。经验的学习立足于以学习主体为本位的思想,重视教育学习活动中学习主体自身的能动性,重视学习主体认识和实践能力的提高,强调知与行的统一。经验的学习与传统的知识的学习是大异其趣的。在外语教学中,任务型教学法强调“做中学”,最能代表一种经验的学习。任务型教学倡导者们坚信,有效的语言学习不是通过传授,而是通过亲身经历;任务型教学以活动和任务组织教学内容,创造接近真实的语言学习环境,由学习者在完成任务中体验语言、感悟和发现规则、运用规则,在用目的语解决问题的过程中学会交际。经验的学习也是创造性学习最好的、最有力的途径。在当今知识爆炸的信息化时代，任何人都不可能在学校就完成生活中所需要的学习，学校只是为终身学习作准备，学会学习应当成为课程实施的重要原则。经验的学习所强调的参与性、体验性和互动性等在促进学生的语言综合运用能力的同时，还使他们学会沟通合作、学会观察思考、学会做事和学会做人。

第二，理解的学习。语言学习中，主要依靠记忆获得的语言知识因为缺少与认知主体的互动而无法成为学习者认知结构的有机组成部分，学习者既不会应用也不能产生深刻的思维。尤其在大学外语高级阶段，作为人文学科课程，外语学习不是简单地记忆和背诵目的语文化的人名、地名或诗歌等具体人文事实。忽视思考能力的培育，将导致误将套装式的人文知识等同于以批判性思考为本质的人文精神。根据皮亚杰认知发展理论，学习是一个能动的过程，学习的发生必须以认知主体的积极参与、主动理解和建构为前提，试图从外部灌输知识是难以奏效的。二语习得研究中，斯旺(Swain)的“可理解输出假说”(comprehensible output hypothesis)在近二十年对外语教学产生了重要影响。他认为要使学习者的第二语言水平全面提高，达到既流利又准确的程度，仅有“可理解输入”是不够的，还必须有充分的“可理解输出”。也就是说，要积极创造条件，鼓励学习者用目的语交际，因为只有在这一过程中，学习者才会反复修正语言，使其更加连贯、准确，即追求所谓“可理解输出”。加德纳(Gardner)提出理解的学习有四个操作要点：第一，联结学生的旧有经验与生活世界；学生作为“直觉学习者”，并不是空空的容器等待学校课程来填满，在学习时，他已经拥有自己的知识、价值态度和行动能力，去诠释、建构、转化或抗拒教学的内容。第二，以多种表征方式呈现教材，让学生运用自己的强项职能展开对学习的探求。第三，提供现场化、临床化的教学情境，让学生在生活世界里学习。第四，让学生有机会把所学得的知识能力应用于新的情境或实际生活情境之中。

第三，研究的学习。认知学习理论认为，学习是一个自主的过程，学习者的创造性思维和积极的认知参与是学习过程中最有效、最活跃的因素；二语习得研究成果表明，语言学习过程不是线性的、累积的，而是学习者运用自己的语言体验对语言系统不断进行推论、假设、验证与概括的过程。研究的学习是指学生在课前、课后研读教材的同时，主动涉猎其他参考资料，对所学知识进行思考、论证、对比、总结，以致完全理解、自如运用的学习过程。吴宓教授在清华大学教授外语的时候，特别重视学生的研究性学习，积极引导学生课前阅读，在每门课学习伊始就为学生指定相关的阅读书目，提醒学生不能过分依赖讲义，而应精读原著，多读相关参考书目，使学生养成自学的好习惯。他对选课学生有明确要求：凡选修本学程之学生，皆应参加课堂中之讨论；而须先读教授指定之中西文学名著若干篇，以为讨论之依据。另外，学生在教师指导下撰写课程论文，是研究的学习的重要手段。在信息时代，研究型大学的本科生具有很强的自主学习能力，能够通过网络等现代化媒体快速地获取信息。因此，他们不需要简单地传授知识的机会，而是需要教师能同他们一起探索知识，给予他们更多的研究机会。教师应将任务型教学法、合作教学法、主题型教学法的教学理念渗透到每一个教学环节，给学生提供通过探索获得成功的机会，营造出民主和谐的教学气氛，激发学生的批判精神、探索精神和创造性思维，培养学生的想象力。

第六节　课程评价的改革

一、尊重学生个性，以学生的全面发展为评价根本目的

随着外语学习观的转变，接踵而来的就是外语学习评价观的转变。根据现状调查，我国大学外语课程的学习评价形式较为单一，以考试（包括平时测验、网络平台测验、期末考试、口语考试等）为主，主要评定学生对教材的语言知识和技能内容的学习情况，不能全面地反映学生的学习成果，尤其是人文素养方面的学习成果。而且，考试评价这种传统的评价方法强化选择和分类功能，造成一部分学生，特别是在外语学习某些方面有困难的学生，无法正确认识自己的潜能，从而丧失了自我发展的动力。因此，我们需要的学习评价应该承认学生在发展过程中存在的个体差异和不同发展水平，评价的目的从甄别分类转向促进学生的全面发展，使学生认识自己的优势，激励学生释放发展潜能。

决策符合通识教育课程评价体系的大学外语学习评价，首先要以学生的语言知识、技能和人文素养的全面发展为根本目的，因为通识课程的成败不在于学生掌握知识的多少，而在于学生是否获得真实的体验与感受，是否获得品格与精神的提升。大学外语学习评价要淡化甄别与选拔的目的，突出评价的激励与调控功能，激发学生的内在发展动机，实现他们的自身价值。相应地，学习评价的指标应该走向多元化，除了语言知识和听、说、读、写技能的指标外，学生个体全面发展的方方面面，如积极的学习态度、跨文化交际能力、宽广的国际化视

野、批判性思维及正确的文化观、价值观等，都需要落实到具体指标。

其次，减少以考试为主的量化评价，增加质性评价，实现评价方法的多样化。20 世纪 80 年代以来，随着以认知心理学为基础的建构主义理论的影响，外语教学中不再视“学习”为被动的“接受”，而是视其为主动的“建构”。于是，传统的量化评价的重语言知识和技能的低层次认知导向、脱离教学具体情境和过于静态片面的缺陷日益暴露。质性评价的方法以客观全面再现评价学生的各种特质和发展趋势的优点而受到欢迎，成为课程改革倡导的评价方法。质性评价遵循“以学习者为中心的评价原则”，采用实作评价、真实评价、档案评价等多种方法，力图通过自然的调查，全面充分地反映学生在语言学习方面的个性差异，使学生及时做出自我评价并调整学习计划。但是，质性评价在本质上并不排斥量化评价，而是可以与量化评价相结合，这样就会更清晰、更准确地描述学生的发展状况。

再者，注重学生的学习过程，将评价的重心从终结性评价转移到形成性评价上。虽然终结性评价是检测学生语言综合运用能力发展程度的重要途径，是反映教学效果和学习质量的重要指标之一，但是它是一种目标取向的评价方式，追求评价的“客观性”和“科学性”，忽视人的主体性、独特性和创造性，忽视学习过程本身的价值。而形成性评价是过程式评价，主要目的在于确定学习效果，运用评价结果改进课程和教学活动过程、调整教学计划和教学方案”。形成性评价是一种过程取向的评价方式，试图走出预设目标的藩篱，重视学生在学习过程中的具体表现；同时也是一种主体取向的评价方式，强调价值多元，并尊重学生的个体差异，以人的自由和全面发展作为评价的根本目的。毫无疑问，形成性评价体现了通识教育学习评价的时代精神，而且质性评价的多样性开发也为形成性评价提供了可能和条件。

二、洞察学习轨迹，利用多种人性化形成性评价方式

要使每一个学生在语言知识、技能和人文素养方面获得全面的发展，创造满足每一个学生的兴趣和需求的学习体验，就必须洞察学生的学习轨迹，也即一种整体发展的轨迹，借以判断哪些是有意义的或有价值的体验。然而，根据问卷调查，目前我国大学外语课程的学习评价以终结性评价为主、形成性评价为辅，评价重心在结果多、在过程少，学生对此现状满意度不高。学生反感“期中、期末基于教材的课程考试”，希望以“定期的不限于教材内容的水平测试”替代，因为在课程考试的“指挥棒”下，学生为了考试成绩置身于相互激烈竞争之

中而无暇顾及自我的发展过程和综合素质的提高。将学习成果“量化”或“分数化”的终结性评价在本质上是受“工具理性”或“科技理性”支配的，忽略了人的主体性、创造性和不可预测性，与主张学生的体验、参与及“做中学”的建构主义和实用主义教学理念是格格不入的。因此，我们必须开发多种以人为本的形成性评价方式，如电子档案袋评价、教师与学生的座谈或访谈、学生的自评和互评以及反思性写作等，来评价学习活动本身的效果，用以调节活动过程，促进学生调整和改进学习计划，最终实现学习目标。

（一）电子档案袋评价

根据舒尔(Shurr)的界定，所谓档案，就是有关学生学习情况的、有目的汇集起来的东西，它表现了学生在较长的时间里，在课程的一个或多个领域中所做出的全部努力、进步、学业成就。随着计算机和多媒体技术的发展和运用，档案现在已经电子化了，即以数字化的形式制作及保存。比起纸质档案袋，电子档案袋更环保，更便于操作和保存。电子档案袋评价记录每一位学生学习的轨迹：从课程初始到课程结束，学生所制定的学习计划与目标、所体验的活动、所思所想、学习作品（发言录音、表演录像、研究报告、写作等）、阶段总结和期末总结、教师或同伴的建议和反馈，等等。其中，学习作品的评价实际上是质性评价中“实作评价”(performance assessment)或“真实评价”(authentic assessment)的一种，它可以将学生的学习与未来生活情境联系起来。例如，哈佛大学非洲语项目每学期举办的“剧场之夜”就是要求所有学生通过一系列生动表演展示自己在语言课程方面所获得的成果，是学习评价的重要组成部分。此外，哈佛大学外语项目中的海外留学课程要求学生在目的语国家或地区完成相关田野研究项目，如“社会研究项目”，研究报告作为学习作品将是学习评价的主要依据。这些学习作品纳入学生的档案袋，意味着学生的学习已经超越了狭小的课堂空间，进入了更广阔的社区和社会，学生在真实的情境中建构有意义的学习。电子档案袋评价是一种学生根据自身的学习计划所做的选择、总结、反思的过程，不仅能把握学生的外语学习轨迹，而且能促使其展示个性、追求卓越及谋求全面发展。

（二）教师与学生的座谈或访谈

通识教育理念下，一切脱离人的发展与提高的学习评价都是没有意义的。学习评价的主要目的在于跟踪学生的学习过程，反馈信息，改进学习方法和策略，最终促进学生的全面发展。教师在学习评价中应发挥帮助学生认识自我、发展自我、激励自我的作用。然而，目前我国大学外语教师过于依赖考试这种终结性评价手段，唯“分数”或“等级”论，导致考试从评价手段演变为目的，师生为考试而考试、为评价而评价。根据问卷调查，学生对目前的学习评价方式满意度不高，认为“教师与学生之间的座谈或访谈”是他们最需要的课程评价方式之一。也就是说，在学习过程中，教师与学生定期地举行一对一的、小组的或全班的等不同形式的座谈或访谈，围绕师生共同协商拟定的评价内容，如已有的学习成果、学习中遇到的困难、对学习活动或任务的意见和建议等，提供具体的、诊断性的信息和反馈。与考试或考查等单向的、完全教师主导的评价方式不同，师生之间的座谈或访谈是一种师生、生生间的相互对话，体现一种双向交流、交互主体的关系，评价过程也成为一种民主参与、协商和交往的过程。在座谈或访谈的过程中，学生通过“回顾”“思考”“判断”“展望”，冷静地洞察和描绘自己的学习轨迹，发展元认知能力，把握自身实力。

（三）学生的自评和互评

目前以考试为主要手段的大学外语学习评价中，教师是评价的主体，学生则是评价的客体，在评价中处于被动地位。根据现状调查，我国研究型大学的大学外语课程评价还没有将“学生的自评和互评”纳入评价体系。事实上，学生才是大学外语课程实施的专家，是对整个过程和自身最有发言权的人。而且，大学外语课程体现通识教育理念的一个重要方面就是要发挥学生在课程评价中的主体作用，主要的实施方式就是学生自评和互评。学生通过主动参与评价活动，随时对照学习目标，发现和认识自己与同伴的进步和不足，从而实现自我教育和自我发展。虽然我国《大学英语课程教学要求》将“学生自我评估”和“学生相互间的评估”列为形成性评估的重要手段，但是根据其附录的“学生英语能力自评/互评表”，学生的自评和互评的内容仅限于听、说、读、写、译各项语言技能，评价标准参照“教学要求”中列举的“一般要求”、“较高要求”和“更高要求”，评价结果分为“优”“良”“中”“差”四个等级。而且，“教学要求”已将各项技能量化了，如“一般要求”的英语能力指“能听懂语速较慢（每分钟 130～150 词）的外语广播和电视节目”“能基本读懂一般性题材的英文文章，阅读速度达到每分钟 70 词”等。由此可见，我国大学外语课程的学生自评和互评的重心是语言技能，形式仍是量化评价，结果是学生的“等级”分类。虽然对语言技能的自评和互评是学习评价中的重要组成部分，但是它不能全面地反映学生的学习成果，会使学生忽视对自身的语言综合运用能力和综合文化素养的整体性关注，如对异质文化的态度、跨文化交际能力、批判性思维能力、解决问题的能力、合作能力等。而且，这些语言学习过程中的情意态度、交往能力、行为改变、参与水平等都是无法量化的内容，需要学生对自我进行比较细致深入的分析和反思，对同伴进行仔细认真的观察和判断，通过开放的、多样的质性评价手段收集信息。学生的自评和互评发挥了学生的主体作用，不仅可以使他们认识自我，而且促进他们参与、交流及互动，主动地、客观地检查自己和同伴的学习，改进不足，进一步完善自我和同伴。

（四）反思性写作

大学外语课程作为人文课程之一，其重要目标就是提升学生的人文素养、塑造其价值观、世界观与审美观，但是如何评价学生在以上这些方面的学习成果，可以肯定的是不能通过诸如多项选择等客观考试题来量化评价。在高级阶段的文化—语言附加式课程和人文保护式课程的学习过程中，学生可以通过反思性写作来回顾、总结该课程对自己的认知、视野、观念的影响或改变。根据时间跨度划分，反思性写作可以是日记、周记或月记，当然最好不宜超过一个月，否则不能准确地回忆和反映自己的学习变化。根据内容形式划分，它可以是结构式的，即教师与学生在学期初共同协商一个评价内容框架。如哈佛大学非洲语项目的“学生周报”，包括语言课、课堂活动、家庭作业等六个方面的评价内容，一方面便于课程决策者收集和整理课程评价信息，另一方面便于学生有条理地反馈学习现状和成效。它也可以是半结构式的，即除了教师与学生共同协商的一个评价内容框架外，留给学生一部分自由反思的空间，因为学习过程中有很多不确定性、差异性和多样性，学生可以利用这一空间记录下自己个性化的学习体验、成果或问题。此外，它也可以是无结构式的，即学生不受任何限制反思和记录自己的学习体验，可能内容上不如结构式和半结构式反思性写作全面，但是更加体现个性化的学习轨迹和学习成果，有利于教师因材施教。

布朗(Brown)和哈德森(Hudson)将以上在语言教学中不断涌现的形成性评价方法称为“考试的替代方法”，认为这些评价方法虽然无法完全代替传统考试，但是相比传统考试，这些“替代方法”却有着无法替代的优势：与教学活动的联系更加密切，评价任务更真实为学习过程提供更多的信息，更能反映学生思考和解决问题的能力，更能促进学生自评能力的增长，提倡更开放的标准和评分，更能提高学生对学习过程的意识及促进教师的教学反思。因为通识教育旨在培养“完人”，促进学生的全面发展，因此，大学外语课程评价应尽量利用多样的人性化的形成性评价方法，洞察和描绘学生的学习轨迹，力求发现、选择和形成一切可能的有效的学习体验，创造民主的、互动的学习环境。

参考文献

[1] 班炜. 大学英语教学中的"中国文化失语症"[J]. 文教资料，2016(29)：189-190.
[2] 毕继万. 跨文化非语言交际[M]. 北京：外语教学与研究出版社，1999.
[3] 陈国明. 跨文化交际学[M]. 2版. 上海：华东师范大学出版社，2009.
[4] 程晓莉. 英语跨文化交际教学的思考[J]. 安徽农业大学学报(社会科学版)，2003，12(5)：105-107.
[5] 邓炎昌，刘润清. 语言与文化：英汉语言文化对比[M]. 北京：外语教学与研究出版社，1989.
[6] 付云霞. 高校师资培训存在的主要问题及解决对策[J]. 佳木斯大学社会科学学报，2004，22(1)：91-92.
[7] 高圣兵. 交际法施教过程中的若干问题[J]. 外语教学与研究，1994，26(3)：55-58.
[8] 顾曰国. 跨文化交际[M]. 2版. 北京：外语教学与研究出版社，2000.
[9] 胡文仲. 文化与交际[M]. 北京：外语教学与研究出版社，1994.
[10] 李丹蕊. 试论动漫爱好与日语学习动力的转化措施：以"动漫日语"的创新实践为线索[J]. 延边大学学报(社会科学版)，2015，48(4)：87-92.
[11] 刘玄恩，刘永发. 实用体态语：社交中的身姿与体态[M]. 北京：华文出版社，1995.
[12] 鲁子问. 中小学英语跨文化教育理论与实践[M]. 北京：中国电力出版社，2005.
[13] 马兰德罗，巴克. 非言语交流[M]. 孟小平，等译. 北京：北京语言学院出版社，1991.
[14] 孙崇梅，刘志永. 高校教师终身教育问题的思考和展望[J]. 职业时空，2007，3(6)：16-17.
[15] 王逢贤. 学与教的原理[M]. 北京：高等教育出版社，2000.

[16] 肖永亮. 社会化媒体公共话语体系结构分析[J]. 北京联合大学学报(人文社会科学版),2015,13(1):34-37.

[17] 谢惠媛. 现代高校师资培训中存在的问题与解决的策略[J]. 中国高等医学教育,2006(5):56.

[18] 辛斌. 交际教学法:问题与思考[J]. 外语教学与研究,1995,27(3):49-55.

[19] 许果,梅林. 文化差异与跨文化交际能力的培养[J]. 重庆大学学报(社会科学版),2002,8(6):121-123.

[20] 袁振国. 当代教育学[M]. 4 版. 北京:教育科学出版社,2010.

[21] 张德禄,语类研究理论框架探索[J]. 外语教学与研究,2002(5):339-344.

[22] 庄智象,谢宇,韩天霖,等. 国际化创新型外语人才培养的思考:教学大纲、课程体系、教学方法与手段[J]. 外语界,2012(4):61-67.

[23] BARRETTE C M, PAESANI K, VINALL K. Toward an integrated curriculum: maximizing the use of target language literature[J]. Foreign Language Annals, 2010, 43(2): 216-230.

[24] PAESANI K, ALLEN H W. Beyond the language-content divide: research on advanced foreign language instruction at the postsecondary level[J]. Foreign Language Annals, 2012, 45(s1): S54-S75.

[25] STORTI C. The art of crossing cultures [M]. Yarmouth, ME: Intercultural Press, 1990.

[26] VANDERPLANK R. Materials and methods in ELT: a teacher's guide [J]. System, 1996, 24(1): 134-138.